AF452675

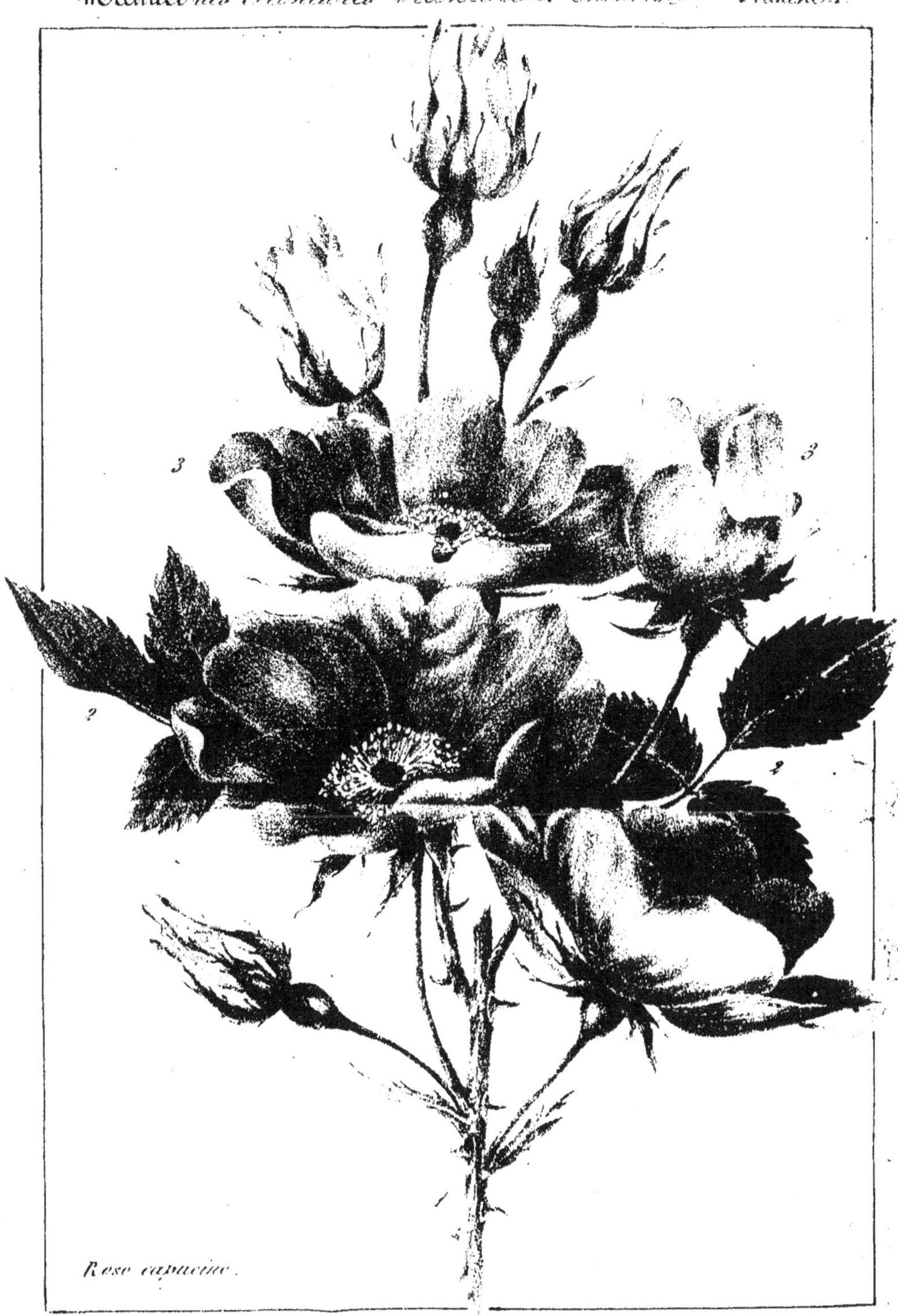

Rose capucine.

MANUEL

DES

PEINTURES

ORIENTALE, ET CHINOISE

En Relief,

ACCOMPAGNÉ DES PRINCIPAUX TERMES TECHNIQUES QU'IL FAUT
EMPLOYER POUR LES SUJETS QUI Y SONT TRAITÉS, ET
POUVANT SERVIR DE PREMIÈRES NOTIONS SUR LA BOTA-
NIQUE ET L'HISTOIRE NATURELLE, SUIVI D'UN VOCABULAIRE
DE CES TERMES CLASSÉS ALPHABÉTIQUEMENT.

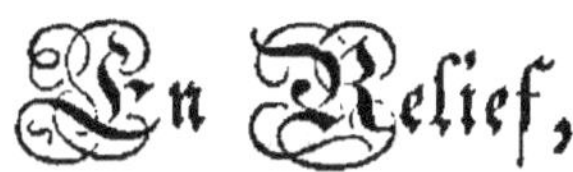

Orné de Planches.

Par M. St.-VICTOR, Peintre.

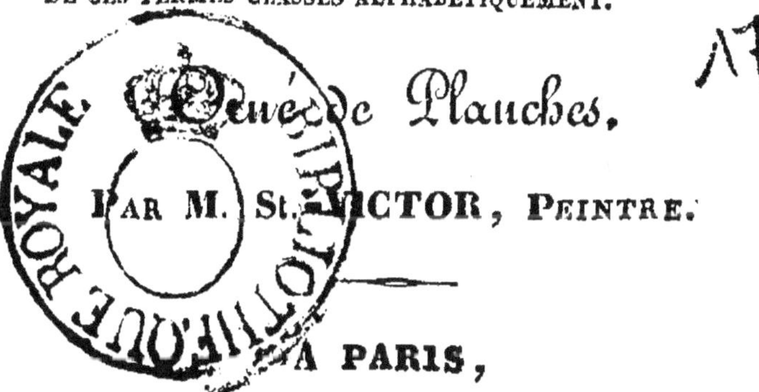

A PARIS,

Chez RORET, libraire, rue Hautefeuille ;
— CHAMEROT, quai des Augustins, n°. 13 ;

A MOULINS,

Chez P.-A. DESROSIERS fils, libraire-éditeur.

1832.

*Les formalités prescrites par la loi ayant
été remplies, tout contrefacteur ou débitant de
contrefaçons sera poursuivi suivant la rigueur
des lois.*

PRIX : broché, planches noires.   3 fr.
——————— planches coloriées.   4

PRÉFACE

SERVANT DE DÉDICACE.

C'est au sexe charmant dont je suis un des constans admirateurs, que je dédie ce petit ouvrage qui manquait, ou dont il n'avait encore paru que quelques mémento très imparfaits sur son sujet ; C'est aux dames qui seules nous animent de ce feu créateur qui nous fait commencer et achever avec succès presque toutes nos entreprises, que je destine le fruit de mon assiduité ainsi que ses résultats.

Je solliciterai donc leur bienveillance et leur intérêt pour qu'elles recommandent avec chaleur l'emploi de ce talent si facile, et si agréable par cette méthode que j'ai poussée aussi loin que possible, et qu'elles donnent par leurs paroles irrésistibles, du poids à une entreprise sur laquelle, par leur concours j'ai fondé quelqu'espoir de succès. Les grâces qu'elles apportent dans tous les talens, leur bonté inépuisable et l'empressement qu'elles mettent toujours à faire le bien, seront ma plus douce récompense si elles veulent les employer pour moi.

Il en est une surtout, la plus aimable et la plus douce d'entre les meilleures ; sa bonté touchante et soutenue pour tout ce qui m'est lié ; sa sollicitude toujours active pour mon épouse, le bien qu'elle nous a fait et cherché les occasions de nous continuer, méritent toute ma reconnaissance ; je prendrai donc la liberté de dédier et offrir particulièrement le premier exemplaire à madame B***** ; trop heureux si ce petit ouvrage peut l'intéresser et être agréable à sa famille ; en l'acceptant, ce sera encore une marque de bonté pour

Son respectueux serviteur,

S.-Victor.

INTRODUCTION NÉCESSAIRE.

Jusqu'à présent, la peinture orientale, nommée ainsi à cause du lieu de son origine, n'a pour ainsi dire point été étudiée, chaque professeur qui l'a enseignée manquait de bons modèles qui auraient pu être produits par une assiduité un peu soutenue à ce charmant travail dont on n'avait d'ailleurs pas encore fait disparaître quelques petites difficultés, et surtout le défaut qu'avait le papier vernis de coller aux doigts et de tacher le papier blanc.

Qu'en est-il résulté? que cette absence de modèles gracieux, ce manque d'explications suffisantes et de principes réels pour la tenue et l'emploi des objets relatifs à ce procédé, enfin ce défaut du papier, ont découragé les élèves et leur ont fait abandonner un art que l'on peut pousser si loin et que j'engage chaque amateur à reprendre avec assiduité, main-

tenant que je puis leur offrir des modèles
charmans, des explications claires et
précises, des principes certains pour bien
faire et ne jamais oublier, et surtout une
nouvelle manière de tracer et découper
qui unit parfaitement les objets, fait disparaître ce point d'arrêt qui apportait
quelque chose de sec sur chaque bord
des découpures, et donne la faculté de
pouvoir conserver les points lumineux
les plus petits, avec la plus grande netteté ; abrège enfin le travail du petit pinceau dans divers sujets.

Cette méthode ne demande aucune notion de dessin, cependant, les personnes
qui en ont eu les principes, ont le grand
avantage de pouvoir créer sans modèle,
faire d'après nature, et pousser cet art
aussi loin que la peinture en général ;
celles qui n'en ont point eus, l'appren-
nent nécessairement et s'habituent au
maniement des petits pinceaux qu'il faut
souvent employer dans des sujets com-

pliqués; elle demande donc, je le répète, des explications et des principes pour la tenue des poinçons à tracer et outils à découper, pour le maniement des brosses dans leur valse sur le papier, qui, comme cette danse, demande à être faite d'un côté et non de l'autre; pour l'examen et l'emploi des couleurs souvent trop gommées, et qui ne s'allient pas toutes ensemble, enfin la connaissance de leur mélange, celle de la qualité des brosses et de la manière de les rendre plus douces, plus fermes et plus arrondies.

Ces explications et ces principes font partie des leçons que je donne et que je fixe de huit à dix, après lesquelles, comme ceux que j'ai déjà dirigés, chaque élève, auquel je fournirai des notes précieuses, sera dans le cas de faire rapidement des sujets charmans, (dix minutes suffisent pour peindre un papillon, une fleur, etc.)

Le prix en sera convenu de gré à gré

et selon le désir des personnes qui ayant déjà connaissance du procédé, ne voudraient que des conseils pour apprendre ma nouvelle méthode de tracer et découper.

Le manuel ci-contre, orné de planches, servira la mémoire de mes élèves ainsi que celle des amateurs de cette peinture que j'ai poussée jusqu'au tableau et au portrait, par ma nouvelle manière. Je l'ai rédigé d'après mes travaux et de nombreuses consultations, il donne tous les renseignemens dont peuvent avoir besoin ceux seulement qui connaissent le procédé et la gouache, il est accompagné à chaque sujet, des principaux termes techniques qu'il est nécessaire de connaître et d'employer.

En rédigeant ce Manuel, je n'ai point tiré à la grosseur du volume, une trop grande quantité de mots et de phrases ne pouvant que retarder les recherches ; j'en ai donc élagué l'inutile pour le remplacer

par des articles nécessaires sur le ton des
fleurs, des fruits, etc. Enfin j'ai poussé
les détails jusqu'à la possibilité de faire
des tableaux et des portraits, et de manière à ce que l'on puisse se passer de conseils dont quelquefois on est privé à la
campagne.

Cet ouvrage n'a point été fait entouré
seulement de livres où l'on puise ces con-
naissances, je l'ai conçu en travaillant,
un crayon et du papier près de moi, pour
y coucher à mesure qu'il en naissait, des
remarques et observations, c'est donc
pour ainsi dire la nature prise sur le fait,
et non une conception d'imagination.

En réfléchissant encore davantage à
cet art d'agrément, en voyant les résultats de cette assiduité qui s'est accrue à
mesure que je voyais des difficultés disparaître, et qui est devenue une telle
passion qu'un travail de douze heures par
jour, pendant dix-huit mois, me laissait
encore craindre l'approche de la nuit et

désirer la renaissance du jour ; je ne con-
çois pas comment on a pu et on peut négliger ou abandonner un plaisir qui chasse
toute idée nuisible, appaise ou fait disparaître les peines et contrariétés, et qui par
la rapidité des succès qu'il procure, augmente d'instant en instant le désir de faire
davantage et les jouissances du résultat.

En effet, cette peinture, si douce, si
bien fondue et si rapidement exécutée,
nous procure mille moyens de distraction.

Le NATURALISTE peut se faire des collections charmantes de papillons, d'insectes, d'oiseaux, de coquillages, etc.

Le BOTANISTE, une collection de plantes, fleurs et arbustes.

Les DAMES peuvent enrichir et orner
leurs salons, d'un bel album et même de
tableaux et portraits de famille, elles peuvent garnir leurs cheminées, de vases,
d'écrans, de pelotes, etc., et ces objets
sortant de leurs mains, deviennent alors
sans prix.

Le COLORISTE fait son travail avec une rapidité extrême qui lui fait gagner davantage et rend ses couleurs beaucoup plus nettes.

Les MAÎTRES, SOUS-MAÎTRES, MAÎTRESSES OU SOUS-MAÎTRESSES DE PENSION, peuvent par la connaissance de ce procédé, la donner à leur tour à leurs élèves, et augmenter par là le prix que méritent leurs talens.

L'ECCLÉSIASTIQUE même, peut dans son temps de loisir, s'occuper de ce travail innocent, il lui fera passer avec délices des heures tranquilles.

Enfin il n'est point de classe à laquelle cet art ne soit utile et agréable, et je ne saurais que le recommander avec instance, non comme homme qui ne voit que ses intérêts, mais comme artiste passionné pour un si joli travail.

J'enseignerai également, en trois ou quatre leçons, divers autres procédés aussi curieux qu'agréables et instructifs ;

La PEINTURE CHINOISE, en or et argent en relief.

Le DESSIN à la mine de plomb broyée et gommée.

L'impression de feuilles végétales, en couleur, en or et argent, sur papier, soiries, linge, etc.

Manière d'écrire en or et d'imiter la couleur du bois de Spa.

Méthode pour transporter toutes gravures sur bois, cuir, etc.

La lithochromie ou l'art de rendre les gravures comme des peintures à l'huile.

Ayant dans ma longue assiduité à la peinture, reconnu bien des défauts dans les couleurs souvent trop gommées pour ce genre, je préviens MM. les amateurs que je leur procurerai toutes les couleurs, confectionnées par mes soins et spécialement adaptées à la gouache, chaque tablette portera mon chiffre.

Je leur procurerai également tous les objets relatifs à ces arts, tels que : carton de Bristol et Wise, papier à dessin, album, brosses et pinceaux, papier vernis à calquer ne collant point aux doigts, or argent et bronzes, outils à tracer et découper d'après mes nouveaux modèles, poinçons, plombs, gomme, cadres, calques tout faits, velours, satin, écrans préparés ou terminés.

Je ferai et louerai aussi des modèles dans tous les genres.

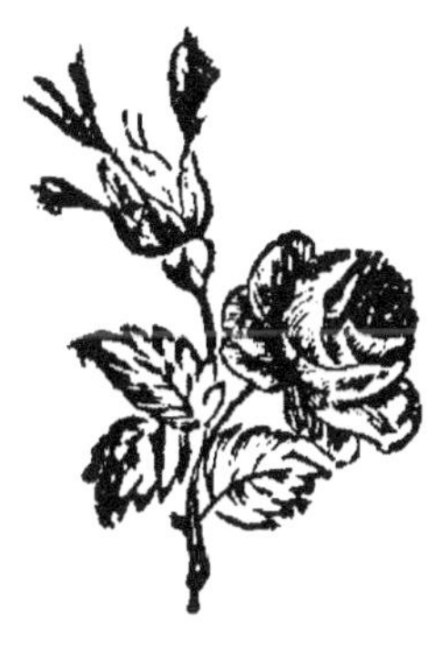

MANUEL

DES

PEINTURES

ORIENTALE, ET CHINOISE.

En Relief.

———— ✦ ————

Il ne faut pas confondre ce Manuel avec les mémento qui ont déjà paru ; cet ouvrage est un véritable manuel appliqué à ces deux arts d'agrément; il donne les explications les plus claires et les plus précises sur le besoin réel des objets et des couleurs, la manière de les employer et de vaincre les difficultés que quelques unes offrent dans leur mélange ; il est encore augmenté de mes réflexions et de mes observations sur le tout en général.

DES OUTILS. (Planche 2.)

Il est nécessaire que chaque élève ou amateur ait au moins

1 Poinçon à tracer.
1 Découpoir.
1 Paire de Ciseaux.
3 ou 4 Plombs.
18 Brosses de différentes forces.
1 Molette en cristal pour broyer.
1 Couteau à lame mince et arrondie.
4 Petits Pinceaux.
2 Petits verres ou vases pour de l'eau pure et de l'eau gommée.
1 Glace de 6 pouces sans tain.
2 Morceaux de gomme élastique.
1 Crayon en mine de plomb.
1 Compas.
1 Grattoir.
1 Pierre à rafraichir les pointes des outils.

L'emploi de ces outils fait partie de mes leçons sur le procédé.

DES COULEURS EN GÉNÉRAL.
(Planche 3.)

On ne saurait apporter trop de soins pour le choix des couleurs d'où dépendent la beauté et la durée de la peinture, il y a donc économie et jouissance durables à prendre les meilleures ; car combien n'est-il pas disgracieux de voir un peu plus tard

[17]

ses sujets altérés ou changés : tout le fruit de son travail est alors perdu et l'on regrette, mais trop tard, l'économie que l'on a voulu apporter dans ses acquisitions. Nous recommandons donc celles que nous pouvons procurer comme ayant été spécialement confectionnées pour ce genre de peinture.

Les tablettes indispensables se composent de 14 couleurs, Savoir :

Blanc léger.	Jaune d'ocre.
Bleu de cobalt.	Jaune indien.
Bleu de prusse.	Laque carminée.
Carmin fin.	Noir d'ivoire ou encre de chine.
Cendre verte.	
Indigo.	Terre de sienne brûlée.
Jaune de chrôme.	Vermillon.
Jaune minéral.	

Lorsque l'on veut pousser cette peinture jusqu'au paysage ou au portrait, il faut alors se pourvoir d'une plus grande quantité de couleurs que je désigne ci-dessous, Savoir :

Bistre.	Laque de garance.
Bleu d'outremer.	Laque violette.
Brun de garance.	Noir de bougie.
Brun rouge.	Momie.
Jaune de Naples.	Ocre rouge.

Ocre de rue, ou jaune mars. — Teinte neutre.
Rouge d'inde. — Terre de cassel.
Rouge mars, ou ocre de rue brulée. — Terre de sienne.
Sépia. — Terre d'Italie.
Sépia colorée. — Vert de vessie.
Vert minéral.
Vert végétal.

OBSERVATIONS SUR LES COULEURS.

BLANC LÉGER.

Il doit être pur, et il faut prendre garde en l'achetant de n'avoir en place que du blanc de plomb qui noircit. Cette couleur sert à faire paraître plus pâle celle appliquée sur un fond rembruni, et à donner le velouté blanc sur certaines feuilles, fleurs et fruits. On l'emploie seule ou mélangée avec d'autres, ce qui les rend opaques. Elle sert aussi beaucoup pour les papillons.

BLEU DE COBALT.

Il ne faut l'employer qu'avec une brosse fine et douce et ne forcer en couleur que lorsque la première couche est sèche, sans cela on formera des empâtages. On fonce ce bleu avec celui de prusse, puis l'indigo et ensuite le noir, si l'objet le demande.

Comme à la longue ce bleu noircit, l'on emploie quelquefois le bleu de prusse bien détrempé dans l'eau jusqu'à teinte claire.

BLEU DE PRUSSE.

Cette couleur fournit beaucoup et a du mordant, elle verdit à la longue quand elle est exposée au contact de l'air; elle s'emploie particulièrement dans les verdures; mêlée avec l'encre de chine, elle donne des tons froids et vigoureux ; mêlée avec du jaune, elle donne de beaux verts.

CARMIN.

Le meilleur est celui de garance, il ne faut pas qu'il soit trop gommé, alors il ne s'étend, ni ne se fond pas bien et forme des empâtages lorsque l'on veut forcer ; mêlé avec du jaune il donne des tons orangés. Il est propre à dorer un soleil couchant. Mêlé à l'encre de la chine, il donne des teintes vineuses.

CENDRE VERTE.

Cette couleur demande des précautions en ce qu'elle est un poison, il faut donc autant que possible ne point porter sa brosse à la bouche, car elle occasionnerait des cuissons à la gorge ; au surplus, les inconvéniens n'en deviennent pas plus graves ni les résultats plus dangereux.

Elle est sujette à se plaquer, et se sèche sous la brosse qu'il faut promener largement ; une première couche de ce vert rend les feuilles très-vives.

JAUNE DE CHRÔME.

Ce jaune est très-brillant et peut remplacer l'orpin qui est aussi un poison, il sert pour le vert des feuilles ; il est bon pour les ornemens en or, l'on ne s'en sert point pour les chairs.

JAUNE MINÉRAL.

Cette couleur s'emploie beaucoup pour les papillons et les revers des feuilles, sujette à se plaquer elle demande des précautions.

JAUNE D'OCRE.

On l'emploie pour les terrains , les routes, les rochers, les troncs d'arbres ainsi que pour faire des verts. (*Voyez aux mélanges.*)

JAUNE INDIEN.

Cette couleur est plus foncée que le jaune de chrôme, elle est solide et fournit beaucoup , celle qui est couleur d'or remplace avec avantage la laque jaune.

LAQUE CARMINÉE.

Cette couleur remplace quelquefois le carmin , elle sert dans les feuilles, les fleurs, et autres sujets.

NOIR D'IVOIRE.

Ce noir se remplace par l'encre de chine, on ne doit s'en servir qu'avec ménagement ; mêlé avec des ocres il produit des tons verdâtres ; on s'en sert dans mon procédé , pour imiter le lavis anglais.

TERRE DE SIENNE BRULÉE.

Cette couleur est très-solide ; mêlée avec du bleu de prusse ou de l'indigo, elle donne des verts foncés, elle sert beaucoup pour les papillons, les feuilles mortes, les troncs d'arbres ; elle pâlit en se séchant.

VERMILLON.

Cette couleur qu'il est difficile de se procurer aussi pure qu'on doit le désirer, se remplace quelquefois par le rouge de saturne, mais cette dernière couleur perd sa fraicheur et noircit celle qui l'approche ; on l'emploie efficacement comme eau teintée pour échauffer les ciels, les nuages, les lointains ; il faut se défier de son opacité.

Le vermillon et le bleu sont incompatibles.

INDIGO.

Ce bleu demande beaucoup de précaution, il faut à peine mouiller sa brosse et prendre peu de couleur à la fois de peur de trop forcer ; il sert dans les ombres foncées des vêtemens de drap bleu, et dans les lointains vaporeux et humides, mêlé aux jaunes et à la terre de sienne, il produit de beaux verts.

BLEU D'OUTREMER.

Sa couleur est d'un bleu céleste plus ou moins foncé et d'une grande solidité, c'est le plus beau des bleus, mais il est très-cher ; on l'emploie pour les ciels et pour le portrait, de préférence au bleu de prusse qui tourne au vert.

SÉPIA.

Cette couleur est d'un brun roux et solide.

BRUN ROUGE.

Ocre d'un rouge foncé très-solide, opaque.

JAUNE DE NAPLES.

Cette couleur tend à noircir le blanc

et le vermillon, elle sert pour les verts légers, les ornemens d'or en la mêlant avec de l'ocre rouge ; elle sert aussi pour les draperies jaunes.

En général il faut éviter de l'employer parceque c'est un poison et qu'elle peut facilement se remplacer.

LAQUE VIOLETTE.

Cette couleur n'est jamais d'un beau violet, il vaut mieux la composer de carmin et de bleu.

LAQUE DE GARANCE.

Cette couleur s'emploie de même que les autres laques.

NOIR DE BOUGIE.

Ce noir est plus beau et plus velouté que les autres ; il est d'une grande solidité. Voici comment il se fait :

L'on suspend un vase de porcelaine renversé au-dessus de la flamme d'une bougie, quand la fumée aura formé suffisamment de noir dans ce vase que l'on baisse à mesure que la bougie se consume, on l'éteint et on laisse refroidir le vase, alors avec un pinceau sec on réunit son noir que l'on délaye avec de l'eau de gomme arabique mêlée d'un peu de sucre candi.

OCRE ROUGE.

Cette ocre n'est autre chose que l'ocre jaune calcinée, elle est très-solide.

OCRE DE RUE.

Sa couleur est brune et plus intense que celle de l'ocre jaune, c'est une très-bonne couleur.

ROUGE D'INDE.

Cette couleur est bonne et s'emploie avec facilité, elle se fond très-bien.

TERRE D'ITALIE.

Cette couleur offre un ton plus jaunâtre que l'ocre de rue, elle est bonne dans les terrasses.

VERT VÉGÉTAL.

Ce vert tire beaucoup sur le bleu et

s'emploie bien ; teinté d'eau , il sert pour les rivières , étangs , etc.

VERT DE VESSIE.

On ne l'emploie qu'à la détrempe et sans gomme , il fournit un vert assez beau qui se remplace cependant avec avantage par un mélange de bleu de prusse et de jaune.

NOTA. Pour connaître si une couleur est gommée au dégré convenable, on en met sur la main avec un pinceau; si étant sèche elle s'écaille, c'est quelle est trop gommée, on y ajoute alors de l'eau ; si en passant le doigt, elle s'efface, elle n'a point assez de gomme, il faut en ajouter.

On prépare ainsi son eau gommée : on met la grosseur d'une aveline ordinaire de gomme arabique la plus blanche possible, dans un grand verre d'eau en y ajoutant gros comme une petite fève de sucre-candi ; il empêche les couleurs d'écailler ; mais il faut prendre garde aux mouches et couvrir son ouvrage , car elles pourraient le détruire. On prend de cette eau avec un pinceau net et on la délaye avec la couleur que l'on veut détremper.

DU MÉLANGE DES COULEURS.

(Planche 3, n°. 2.)

Il faut toujours avoir un garde-main u même papier que celui sur lequel on peint, afin de bien s'assurer des teintes qui quelquefois varient d'un papier à un autre.

On délaye ses couleurs plus commodément sur une assiette unie, en commençant par la plus pâle et conservant la plus foncée pour la dernière. L'on a soin que son assiette soit propre en dessous parce que posant quelquefo's sur le papier elle pourrait le graisser ou le salir.

On délaye d'abord sa première couleur en prenant un peu d'eau avec le bout du manche de sa brosse que l'on pose sur son

---

On ne met point d'eau gommée avec les verts d'iris et de vessie , mais l'outre-mer, la laque, le bistre , la terre de sienne et l'ocre de rue en demandent davantage que les autres.

assiette, et l'on frotte légèrement sa tablette en la tenant le plus bas possible
pour éviter de la casser ; si ce petit acci-
dent arrivait d'une manière ou d'une autre, on mouillerait les parties rompues et
on les rapprocherait les unes des autres en
les tenant un moment réunies, les couleurs
étant gommées se rattachent facilement.

On délaye ensuite à côté et de la même
façon la couleur que l'on veut mélanger
à la première, et avec un pinceau on les
lie ensemble ; de cette manière on est sûr
d'obtenir une teinte égale et on conserve
ses tablettes pures ; on ne les remet dans
leur boîte que lorsqu'elles sont sèches.

En général il ne faut délayer que ce
que l'on peut avoir besoin de couleurs
pour son sujet, et les préparer à l'avance
sur une même assiette pour éviter l'em-
barras qui nuit toujours au travail.

DU VERT.

VERT PALE COULEUR D'EAU.

Jaune minéral et bleu de cobalt.

JAUNE VERT.

Jaune de chrôme et bleu de prusse.

VERT PLUS FONCÉ.

On force en bleu de prusse.

GROS VERT FONCÉ.

Jaune indien ou d'ocre, avec bleu de prusse, ou jaune de chrôme avec indigo.

VERT TRÈS-FONCÉ.

Jaune indien ou terre de sienne avec indigo.

Avec parties égales de jaune de chrôme et de bleu de prusse, on obtient le vert dragon ; trois parties du même jaune avec une seule du même bleu, font un vert pistache ; une partie de jaune indien contre trois d'indigo, donnent un vert bouteille, etc.

DU VIOLET.

VIOLET PALE OU LILAS.

Bleu de cobalt et carmin en parties égales.

VIOLET PLUS FONCÉ.

Carmin et bleu de prusse en parties égales, cette couleur se nomme violet d'évêque.

VIOLET TRÈS-FONCÉ.

Une partie de carmin contre deux d'indigo.

NOTA. La laque peut remplacer le carmin, mais elle donne des teintes moins brillantes.

ORANGE ET ROUGE.

ORANGE PALE.

Jaune de chrôme et Carmin en parties égales donnent une teinte aurore.

ORANGE FONCÉ.

Une partie de jaune de chrôme, deux de vermillon et une de carmin, font une belle couleur orangée.

COULEUR DE CHAIR.

Laque et vermillon très-légers pour femmes et jeunes personnes, pour homme on y ajoute une teinte plate d'ocre.

CHAMOIS.

Deux parties de jaune et une de vermillon ; si à cette couleur on ajoute un
peu de noir, on aura la couleur isabelle.

ÉCARLATE.

Une partie de jaune de chrôme et trois
de carmin.

BRUNS.

MARRON.

Terre de sienne mêlée d'un peu de
carmin et de noir.

BRIQUE.

Parties égales de terre de sienne et de
laque.

GRIS OU TEINTES NEUTRES.

Le gris en général se forme d'un as-
semblage de plusieurs couleurs, telles que:
du bleu, de la laque, du jaune, etc. On
désigne l'espèce par le rapprochement
qu'elle a avec une de ces couleurs ; ainsi

le gris où le jaune domine s'appelle gris-jaune, etc.

GRIS-VERT.

Deux parties égales de bleu et de jaune avec un peu de laque.

GRIS-VIOLET.

Deux parties égales de bleu et de laque avec un peu de jaune.

GRIS-ORANGÉ.

Deux parties égales de jaune et de laque avec un peu de bleu.

GRIS-SOURIS.

Blanc léger, depuis une jusqu'à trois et quatre parties, contre une de noir, suivant sa teinte plus ou moins foncée.

GRIS-ARDOISE.

Parties égales de blanc, de bleu de Prusse, de laque et de noir.

DES CARTONS ET PAPIERS.

Les meilleurs cartons sont ceux de Bristol et de Wise ; les premiers sont plus beaux mais un peu trop chers pour en faire un usage constant.

Pour les album et généralement pour les collections, on emploie le papier, qui est plus maniable et moins sujet à se graisser. On doit apporter beaucoup de soin au choix de son papier, il doit être d'un beau blanc sans vergeure et d'un grain très-fin ; c'est ordinairement dans les grandeurs du carré et du grand-raisin que l'on trouve les meilleurs qualités ; celles au-dessus sont toujours d'un grain plus fort et d'une pâte moins égale.

Il faut faire surtout attention à ce que ce papier soit bien collé et ne boive pas, car alors la brosse en enleverait le grain et ferait des teintes fausses et des empâtages. Voici la méthode pour parer à cet inconvénient.

MANIÈRE DE COLLER LE PAPIER.

On fait dissoudre dans un verre d'eau, deux grains pesant d'amidon, un grain de colle de Flandre, et un demi-grain d'alun. Lorsque ces trois substances sont entièrement dissoutes, on incline sa feuille de papier et on répand dessus partout et également, cette eau qui lui donne la consistance nécessaire.

Généralement pour la peintnre il ne faut point se servir de papier mécanique.

DES PAPILLONS.

(Planche 4, N°. 1.)

Le papillon se compose : de la tête dont plusieurs varient dans leur forme ; du corselet qui est la partie du corps entre la tête et le ventre ; de l'abdomen ou ventre ;

des ailes dont deux qui recouvrent celles inférieures ; des pattes ; de la trompe dont quelques genres l'ont roulée en spirale, et des antennes ou cornes mobiles; il existe plusieurs formes d'antennes, les unes sont terminées en massue, les autres en fuseau, d'autres en fil, pectinées, d'autres enfin qui vont en décroissant, etc.

Pour peindre et bien imiter le velouté du papillon, il faut poser ses couleurs presqu'à sec et avec le plus grand ménagement.

Pour remplacer l'or qui en enrichit quelques-uns, et dont quelquefois on peut manquer, on donne une première couche d'ocre jaune, et pardessus, une très-légère de jaune d'or.

Pour employer les bronzes qui sont ordinairement en poudre, on les délaye avec un peu d'eau gommée; à cet effet on prend légèrement avec le bout du manche de sa brosse, une goutte d'eau gommée que l'on étend sur son assiette, on en humecte la brosse destinée au genre de bronze qui est utile, on la pose sur ce bronze et on s'en sert de suite car sans cela il sécherait; par ce moyen les bronzes tiennent bien au papier et ne sont point sujets à disparaître au frottement.

Lorsque par hasard on a trop mouillé sa brosse et pris trop de bronze, cet inconvénient forme une côte que l'on enlève légèrement avec le bout du grattoir lorsque la couche est sèche.

Pour imiter le bronze rouge, on se sert de la terre de Sienne brûlée employée légèrement et que l'on ombre avec peu de noir.

Pour donner du relief et du vivant aux papillons, on porte, une ombre très-légère du côté opposé au jour, et qui doit se ressentir de la couleur du dessous des ailes.

Nous ne pouvons nous étendre d'avantage sur des objets d'histoire naturelle qui offrent tant de variétés dans les cou-

leurs. La nature ou les modèles guideront
à cet égard.

***

DES INSECTES.

(Planche 4, n°. 2.)

Les parties qui composent les insectes
au nombre desquels est le papillon , ont
la même dénomination, à l'exception que
les deux ailes supérieures en forme d'étui,
qui recouvrent celles inférieures très-
minces, se nomment élytres.

Pour tous les insectes d'un brun foncé,
il faut donner une première couche de
terre de Sienne brûlée, que l'on force avec
du noir afin d'obtenir un ton roux comme
l'ont la plupart de ces êtres sans vertèbres
qui nous offrent tant de merveilles et
dont une partie ne peut être représentée,
les atômes surtout, qu'avec le pinceau le
plus fin.

Beaucoup d'autres ayant un fond tirant

sur le bleu, l'on donne une première couche d'indigo que l'on force de noir.

Pour peindre les insectes, on se sert de petites brosses; la manière de les employer et de donner du luisant à son sujet fait partie de ma méthode.

Il faut principalement pour les insectes ne négliger aucun des détails et s'y attacher au contraire beaucoup en les anatomisant, car ce sont eux qui souvent font l'espèce ou le genre. J'entends par détails ce qui concerne la tête, les antennes, les pattes, les nervures des ailes qu'il faut faire attention de ne pas augmenter ou diminuer de nombre, le placement des nuances et même du duvet. Enfin ne pas peindre seulement pour l'amateur de peinture, mais aussi pour le connaisseur en histoire naturelle, et de manière à rendre son sujet utile à la science.

J'ai fait sur ces sujets deux album, l'un est intitulé essais sur la peinture orientale, ce premier est simplement consacré aux

premières leçons ; les sujets y sont repré-
sentés sans l'étude des détails qui emba-
rasseraient au premier abord les élèves,
il n'est donc proprement dit que pour l'é-
tude des découpures et les placement et
fondu des couleurs, depuis les insectes
jusqu'aux oiseaux , fleurs, fruits et quelques sujets plus compliqués.

L'album n° 2 est fait d'après nature ,
d'un travail terminé , et dont tous les détails sont anatomisés de manière à ne rien
laisser désirer, ou au moins peu de chose,
au naturaliste. Ce second travail demande
beaucoup d'exercice au petit pinceau
avec lequel on se sera déjà familiarisé dans
les premiers essais: je recommanderai donc
de ne peindre les sujets finis, que d'après
nature , beaucoup de modèles et presque
la plupart n'offrant que de fausses couleurs
et de mauvais placemens, à moins qu'ils
ne soient des premiers maîtres, et dans ce
cas ils sont fort chers: (voyez l'article
chasse aux insectes.)

DES OISEAUX.

(Planche 4, n⁰. 3.)

Tout le monde sait que les parties de l'oiseau se composent de la tête, du bec , dos, ventre, croupion, ailes, cuisses , pattes et ongles ou argots, et de la queue; quelques-uns cependant sont parés de huppe, crête, ou filets.

Cette espèce ne nous offre pas moins de variétés que les insectes; il y a deux maniè-res de les peindre, celle proprement dite peinture indienne où l'on n'emploie pas le petit pinceau, et celle où il faut l'employer beaucoup pour marquer le pluma-ge. La première réprésente la symétrie des plumes en forme d'écailles. La seconde se rapproche tout-à-fait de la nature, en ce qu'elle donne le placement réel des choses et marque parfaitement chaque plume avec ses barbes.

Les couleurs s'emploient de même que pour les papillons.

DES TIGES.

(Planche 1 , au commencement, no. 1.)

Un végétal est ordinairement composé de quatre parties principales qui sont :
les racines, la tige, les feuilles et les fleurs.

Nous ne dirons rien des racines, en ce
qu'étant enfermées dans le sein de la terre,
elles s'offrent rarement à notre vue et ne
sont point un sujet de peinture si ce n'est
quelquefois pour le botaniste ; nous passe-
rons donc à la tige ainsi qu'à ce qui en sort.

La tige est la partie de la plante qui
va de la racine à la fleur. Il y a des
tiges en spirale, ce sont celles qui s'entor-
tillent autour de l'objet qui les avoisine ;
la première peau fine qui couvre la tige se
nomme épiderme, vient ensuite l'écorce,
puis la troisième enveloppe que l'on appelle Liber. Alors paraît le bois au centre
duquel est la moëlle qui est une substance
spongieuse dont les vieux arbres sont dé-
pourvus.

Les tiges de rosiers ont la plupart des petites pointes aigues que l'on appelle mal-à-propos épines, leur véritable nom est aiguillon, en ce qu'ils naissent à la superficie de l'écorce. Les épines sont les pointes qui sortent du bois et traversent l'écorce comme à l'aubépine, etc.

Le bourgeon est une espèce de bouton en forme d'enveloppe ronde ou allongée qui contient l'embryon des feuilles et des fleurs.

Viennent ensuite les branches qui partent de la tige, puis les rameaux qui partent des branches et enfin les ramilles qui partent des rameaux,

Nous avons ensuite les nœuds qui sont des excroissances aux parties extérieures d'un arbre, ou des parties plus dures à l'intérieur.

Il y a encore les vrilles ou mains, qui sont des espèces de fils roulés en tirebouchon comme on en voit à la vigne et aux pois,

[43]

Les tiges en général changent de teintes suivant le genre des arbres ou plantes auxquels elles appartiennent, et leur placement dans un grouppe ; les unes sont donc verdâtres, d'autres d'un brun plus ou moins foncé, et d'autres d'un noir grisâtre et quelquefois toutes noires.

Les premières se font avec un vert préparé suivant la teinte, les secondes avec de la terre de Sienne brûlée et du brun mars, et les troisièmes avec de la terre de Sienne et du noir ; quelques-unes demandent une première couche de laque, d'autres d'ocre, et enfin de jaune de chrôme ; la nature ou le modèle doit guider à ce sujet.

Les tiges jeunes et vertes représentées comme nouvellement cassées, nous offrent la fraicheur de cette cassure, les bords ou écorchures de la peau doivent alors être d'un ton verdâtre, le fond du bois d'une teinte de jaune minéral, très-légère, et l'aperçu de la moëlle avec du blanc.

Lorsque la tige est coupée, l'on agit de même, mais avec plus de netteté; les veines qui s'aperçoivent se marquent légèrement au petit pinceau avec de l'eau teintée de très-peu de terre de Sienne brûlée.

Lorsque les tiges sont sèches ou de bois mort et cassé, le bord de la peau doit être fait avec de la terre de Sienne brûlée, le corps du bois avec de l'ocre teintée d'un peu de cette terre, et l'aperçu de la moëlle avec de la terre de Sienne, ou du brun mars et du noir.

Les aiguillons et épines se font suivant la teinte qu'elles nous offrent; les unes sont vertes, d'autres jaunes, d'autres rouges, et d'autres noires.

Le bourgeon se fait assez ordinairement avec de la terre de Sienne et un peu de noir, quelquefois de l'ocre, et l'extrémité souvent un peu teintée de laque.

Les branches sont suivant l'espèce de l'arbre ou son âge.

Les rameaux se font de même, mais

avec un peu plus de vigueur dans les tons qui doivent annoncer plus de jeunesse.

Les ramilles, d'un ton encore plus jeune et d'un vert tendre, lorsqu'elles appartiennent aux jeunes arbustes ou rosiers.

Les nœuds se font de la même couleur que l'écorce de l'arbre qui les porte. Vus à l'intérieur, on se sert de terre de Sienne brûlée, de brun mars et quelquefois de noir.

Les vrilles ou mains doivent être faites avec un vert transparent qui annonce la flexibilité, mais un peu forcé en couleur à l'intérieur des tournans.

DES FEUILLES.

(Planche 1, au commencement, n°. 2)

Pour travailler, il est absolument nécessaire de connaître le nom des parties qui composent ses sujets; nous allons donc décrire celles de la feuille en général.

Le pétiole est la queue qui joint la

feuille à la tige, branche, rameau ou ramille.

La côte ou plutôt la principale nervure qui fait suite au pétiole et va de la base au sommet de la feuille, se nomme nervure médiane.

On appelle dentelures les petites échancrures qui sont sur le bord des feuilles.

On nomme lobes les échancrures profondes qui paraissent diviser la feuille en plusieurs parties.

Le disque est tout ce qui compose la feuille et son contour, excepté le pétiole.

Les nervures sont les espèces de petites côtes qui partent de la principale nervure médiane.

La feuille sessile est celle qui n'a point de pétiole.

La feuille énerve est celle qui n'a aucune nervure comme à la tulipe, etc.

La feuille a deux faces : l'une interne qui est lisse et vernissée, l'autre externe qui a des petites nervures ou côtes en relief, et dont le vert est plus pâle.

La partie de la feuille qui touche au pétiole, est la base ; l'extrémité opposée est le sommet.

FEUILLES D'UN VERT JAUNATRE.

Donnez une couche de jaune de chrôme et très-peu de bleu de Prusse par-dessus ; vous forcez un peu en bleu pour les ombres, en ajoutant quelquefois du noir.

FEUILLES D'UN VERT BLEUATRE.

Donnez une faible couche de jaune minéral et de bleu de Prusse par-dessus, ombrez légèrement de noir.

FEUILLES D'UN VERT BRILLANT.

Donnez une couche de jaune minéral et une de cendre verte, forcez et ombrez avec bleu de Prusse et noir.

FEUILLES D'UN VERT FONCÉ.

Donnez une couche de jaune indien, puis une teinte du même jaune mêlangé avec de l'indigo. Vous ombrez avec du noir.

FEUILLES D'UN VERT TRÈS-FONCÉ.

Donnez une couche de terre de Sienne, couvrez-la d'une teinte mêlangée de la même terre avec de l'indigo.

REVERS DES FEUILLES.

Comme le revers des feuilles est toujours plus pâle que la partie interne, donnez d'abord une couche de jaune minéral que vous couvrez d'une teinte mêlangée du même jaune avec du bleu de cobalt; quelquefois on y met seulement de ce bleu, d'autres fois une légère teinte de noir. A quelques feuilles on leur donne la même teinte que la partie interne, mais sans mettre la première couche de jaune.

PARTIES MORTES DES FEUILLES.

Ces parties se font avec de la terre de Sienne brûlée, quelquefois un peu de laque.

PARTIES DES FEUILLES RONGÉES.

Les bords des trous faits par les insectes doivent être légèrement marqués de terre de Sienne, que l'on borde ensuite d'un filet de laque ou de noir.

DES FEUILLES BOURSOUFLÉES.

Lorsque les feuilles se trouvent boursouflées par les mites ou insectes qui se logent dans l'intérieur des revers ; ces boursouflures se font, tantôt avec de la laque et ombrées d'une teinte neutre tirant sur cette couleur que l'on tapote avec sa brosse, tantôt avec de la terre de Sienne brûlée et ombrée légèrement de noir, appliquée de la même manière, d'autresfois avec de l'ocre jaune.

OBSERVATIONS.

On assourdit les verts avec du carmin ou de la laque, et on les fonce avec du bleu de Prusse, de l'indigo et du noir.

DES FLEURS.

(Planche 1, au commencement, n°. 3.)

La fleur se compose du calice qui est la partie la plus souvent verte, qui soutient et enveloppe entièrement la corolle avant son épanouissement, et qui est divisée ordinairement en cinq folioles. Ces folioles ne sont pas toujours vertes ; leur couleur se confond quelquefois avec celle de la corolle, comme dans le grenadier, la capucine, etc. La plupart des liliacés n'ont point de calice. On appelle liliacés ou liliacées, les fleurs qui ressemblent à celle du lys.

La corolle est ce qui forme le corps de la fleur, mais non pas la fleur entière qui est composée de plusieurs parties dont elle est la principale.

Les étamines sont les parties qui se trouvent entre le pistil et la corolle. Chaque étamine est composée de deux parties ; le filet qui tient au fond de la corolle, et l'anthère qui tient à l'extrémité supérieure du filet. Chaque anthère est une espèce de boîte qui s'ouvre quand elle est mûre, et répand une poussière jaunâtre et odorante que l'on nomme pollen.

Le pédoncule est l'espèce de pétiole ou de queue qui attache la fleur à la tige,

Les pétales sont les parties qui composent la corolle.

Le pistil, qui est au fond de la corolle, et quelquefois au-dessous dans certaines fleurs, se compose de trois parties ; sa base se nomme germe ou ovaire ; le filet posé dessus s'appelle style, et le chapiteau qui le couronne, se nomme stigmate.

Le réceptacle, enfin, est la partie charnue qui est au fond du calice.

Rien n'est plus beau qu'une fleur, si ce n'est la femme qui est la plus belle d'entre elles toutes. Pour parvenir à les bien peindre, et leur donner, pour ainsi dire, de l'odeur, il faut à peine mouiller sa brosse, et ne prendre que très-peu de couleur, de manière à toujours fondre et bien prendre garde aux ombres que l'on forme avec des teintes neutres dont le fond doit avoir la couleur de la fleur.

Je ne puis entrer dans les détails de

chaque fleur, les nommer et les décrire. Ce serait alors un travail de plusieurs volumes. Je me bornerai donc à décrire les couleurs et comment il faut les employer.

FLEURS BLANCHES.

Pour narcisse, lys, rose, fleur d'oranger, de seringat, etc., l'on donne seulement une légère couche de bleu très-clair, ou plutôt d'eau teintée de très-peu de bleu ; quelquefois même la couleur du papier suffit. L'on ombre très-légèrement vers la base des pétales, avec une teinte neutre se rapportant à la couleur du gris clair.

Les contours des parties, tout-à-fait blanches, se marquent au petit pinceau avec une eau teintée de bleu.

FLEURS BLEUES.

Pour bluet, liseron, clochette, germandrée, pois de senteur, etc., l'on emploie le bleu de cobalt, puis le bleu de Prusse, et l'indigo pur ou mêlé d'un peu de laque, selon la teinte nécessaire pour forcer et ombrer, ménageant toujours les clairs.

FLEURS JAUNES.

Pour giroflée, narcisse jaune, rose jaune; tulipe, bouton d'or, renoncule, etc., on emploie le jaune de chrôme que l'on fonce avec du jaune indien ou de la terre de Sienne, quelquefois du vermillon; cette dernière, surtout, sert beaucoup dans la giroflée jaune panachée de rouge.

FLEURS AURORES, ORANGÉES OU CAPUCINES.

Pour le souci, la renoncule, la capucine, le lys orangé, etc., l'on donne d'abord une couche de jaune de chrôme, et par-dessus, une de vermillon plus ou moins foncée; quelquefois même le rouge de Saturne suffit. Les ombres se font avec de la terre de Sienne et du noir.

FLEURS ROSES.

Pour la grosse rose, le laurier, le camélia double, la hyacinte, le dahlia rose, on emploie le carmin, laissant le bord des pétales presque blanc, quelquefois jaunâtre, d'autres fois verdâtre.

Pour les fleurs d'un rose violet, on se sert de la laque.

Pour les ombres, on force un peu en couleur, et l'on emploie une teinte neutre, mais il faut éviter le noir.

Pour les roses pâles, telles que la rose thé, la petite rose de mai, etc., on se sert d'une eau seulement teintée d'un peu de carmin.

FLEURS LILAS.

Le lilas est la fleur qui demande le plus d'assiduité et de constance ; c'est elle aussi qui présente le plus de difficultés. Lorsqu'on est parvenu à la bien faire, on peut hardiment entreprendre toutes les autres fleurs avec sûreté de réussite.

On donne d'abord pour la feuille ou fleur ouverte, une légère couche de bleu de cobalt, puis une très-légère de carmin, de manière à ce que le bleu domine encore et qui ira en mourant vers la base des pétales. Les pistils seront faits avec du jaune minéral.

Pour la feuille à demi-ouverte, on force un peu en carmin ou laque.

Pour le bouton, la base doit être faite avec du bleu de cobalt et du carmin, et le corps avec un peu de bleu et de laque, quelquefois un peu d'ocre de précipité ou de brun mars, pour imiter la variété des couleurs du bouton.

FLEURS ROUGES.

Pour camélia, rose de Provins, donnez une couche de laque que vous forcez et ombrez avec une teinte neutre, quelquefois de l'ocre et du noir.

Pour la grenade, vous donnez une couche de jaune de chrôme, puis du vermillon et ensuite du carmin, jusqu'à force de ton nécessaire.

Vous vous servez des mêmes couleurs pour les folioles.

FLEURS D'UN VIOLET CLAIR.

Pour violette et toute autre fleur de cette couleur, l'on donne une couche de bleu de cobalt et une de laque ; on force et l'on ombre avec du bleu de Prusse.

FLEURS D'UN VIOLET FONCÉ.

Pour pensée, pois de senteur, etc., l'on donne une couche de bleu de Prusse et une de laque, et l'on ombre avec de l'indigo.

FLEURS PANACHÉES.

On donne d'abord la teinte locale, l'on ombre sa fleur ; le panaché se fait ensuite, et les ombres générales et fortes se font en dernier.

ETAMINES ET PISTILS.

Les étamines et les pistils se font avec du blanc léger que l'on recouvre de la couleur nécessaire (au petit pinceau).

FRUITS. (Planche 5.)

Le fruit se compose ordinairement du péricarpe qui est la peau ou pellicule qui l'enveloppe; de la chair qui est sous le péricarpe, des capsules qui sont des enveloppes composées de loges qui renferment la graine ou les amandes, ou enfin la semence.

Le pédoncule, c'est la queue qui tient le fruit, et l'ombilic est une petite cavité formée par les débris d'un calice et située à la partie opposée au pédoncule.

ABRICOTS.

Donnez une couche de jaune de chrôme bien également étendu partout, foncez avec du jaune indien; ombrez très-légèrement de noir, et terminez avec de la terre de Sienne.

Lorsque le fruit n'est pas tout-à-fait mûr, quelques parties demandent à être verdâtres; l'on y met un peu de bleu de Prusse après le jaune ; lorsque quelques-uns paraissent comme brûlés par le soleil, l'on imite cette couleur qui est ordinairement raboteuse, avec de la terre de Sienne que l'on tapote. Quelques endroits sont aussi d'une couleur violette, l'on emploie alors un peu de laque ou de carmin et de bleu.

BRUGNONS ROUGES.

Donnez partout une couche de jaune de chrôme, foncez avec du jaune indien; ensuite beaucoup de vermillon et de carmin, et ombrez avec du noir.

Le brûlé du soleil se fait de même qu'à l'abricot.

BIGARREAUX.

Donnez une couche de jaune de chrôme, ménageant le point de lumière : mettez ensuite du vermillon que vous fondez en le faisant évanouir vers la partie claire, de manière à ne point intercepter la teinte jaune. Ombrez avec un peu de terre de Sienne.

CASSIS.

Donnez une couche foncée de laque que vous faites évanouir vers le haut et le point de lumière ; mettez ensuite du bleu de Prusse.

CERISES.

Donnez une couche légère de ver-millon, en la faisant évanouir vers le point de lumière ; foncez ensuite avec du car-min, et ombrez légèrement de noir en conservant toujours le point clair.

Quelquefois l'on donne une couche de jaune de chrôme, entre le vermillon et le carmin, ou même en première couche.

CHATAIGNES ET MARRONS.

Donnez partout une couche de terre de Sienne brûlée et de laque par-dessus ; om-brez ensuite avec du noir.

La place jaunâtre se fait avec de l'ocre et un peu de brun mars.

CITRONS.

Donnez partout une couche de jaune de chrôme ; ombrez avec un peu de terre de Sienne brûlée. L'épiderme raboteux de ce fruit se fait avec de la terre de Sienne brûlée que l'on tapote.

Si le citron est coupé, l'intérieur se fait avec du jaune minéral clair, et les côtes et l'écorce un peu blanchâtres.

FRAISES.

Donnez une couche de jaune de chrôme ; ombrez légèrement de noir ; couvrez le tout de carmin, laissant le milieu clair. Faites les points avec du jaune, bordé d'un peu de noir d'un côté pour le faire ressortir ; ces points se font au petit pinceau.

GROSEILLES ROUGES.

Donnez une très-légère couche de jaune de chrôme, un peu de vermillon, et finissez avec du carmin en conservant le point de lumière ; marquez ensuite les côtes avec du blanc et une eau teintée d'un peu de carmin.

GROSEILLES BLANCHES.

Donnez une légère couche de jaune minéral, puis une plus légère encore de cendre verte en conservant le point de lumière.

Lorsque ces fruits sont mûrs, l'on donne tout simplement une couche de jaune d'ocre, et l'on marque les côtes d'une teinte plus pâle.

L'ombilic de ces fruits se fait avec du brun mars et du noir.

GROSEILLES ROUGES A MAQUEREAU.

Donnez une légère teinte de vert pâle dans les contours; puis mettez de la laque en conservant l'aperçu des côtes et le transparent de la peau. Quelques places doivent laisser apercevoir un peu de bleu clair, quelquefois un peu de jaune ; l'on ombre avec une très-légère teinte de terre de Sienne et de noir en conservant toujours le point de lumière.

GROSEILLES VERTES A MAQUEREAU.

Donnez une légère couche de cendre verte très-claire, laissant le point de lumière presqu'à blanc; formez les côtes en les ménageant dans la teinte.

L'ombilic se fait de même qu'aux petites groseilles, en y ajoutant par fois un peu de laque, surtout lorsque le fruit est vert.

Lorsqu'il est mûr, l'on donne une légère teinte de jaune et de terre de Sienne brûlée, très-claire.

GUIGNES.

Donnez une teinte foncée de laque, en commençant par le bas et la faisant évanouir par le haut; mettez ensuite du bleu de Prusse de la même manière, en ménageant le point de lumière.

NOISETTES ET AMANDES SÈCHES.

Pour la noisette, vous donnez partout une teinte de terre de Sienne brûlée claire, laissant le bas un peu grisâtre, ce que vous obtenez par le moyen d'un blanc sale que vous ajouterez par-dessus votre teinte, à cet endroit seulement; le haut se fait avec de l'ocre jaune et très-peu de noir ; on borde ce haut et l'on forme les petites côtes avec une terre de Sienne plus foncée et au petit pinceau.

L'amande se fait avec de l'ocre jaune, les petites cavités qui y existent se font avec du brun mars et au petit pinceau.

ORANGES.

Donnez partout une forte couche de jaune de chrôme, ensuite une légère de vermillon ; puis une très-légère de carmin ; quelquefois même il ne faut pas de cette dernière couleur ; vous ombrez avec de la terre de Sienne un peu claire ; les inégalités s'obtiennent en tapotant de cette terre avec la brosse.

Lorsque l'orange est coupée, vous agissez de même que pour le citron, à moins que l'intérieur ne soit rouge ; vous employez alors de la laque.

PÊCHES.

Vous donnez d'abord une légère teinte

de bleu de Prusse dans les contours, vous mettez ensuite partout une couche de jaune de chrôme éclairci avec du blanc. Vous posez ensuite votre carmin dans les parties rouges et les tournans, et vous ombrez avec une teinte neutre d'un gris verdâtre et un peu de noir ; le haut de la pêche qui est près du pédoncule, étant quelquefois d'une couleur tirant sur le violet, vous mettez un peu de bleu de Prusse et un peu de carmin ou de laque, en faisant évanouir ces couleurs vers le clair.

Le velouté de la pêche se fait en pochant un peu de cobalt et de terre de Sienne dans les ombres. L'on passe ensuite un peu de blanc presque à sec sur ce velouté.

POIRES ET POMMES.

Donnez partout une couche de jaune de chrôme, foncez avec du bleu clair ; finissez avec du vermillon, du rouge de saturne ou de la laque, suivant la couleur du fruit, ombrez avec un peu de noir ; et faites ensuite les lignes ou petites taches rougeâtres et longues qui y existent quelquefois, avec du vermillon ; vous passez ensuite sur le tout et largement avec une brosse un peu forte, une teinte légère de vermillon clair, ce qui unit ces lignes ou taches, et les fond avec l'épiderme.

L'ombilic se fait avec du brun et du noir.

PRUNES DE MONSIEUR.

Donnez une couche de bleu de Prusse, ensuite de la laque, et forcez les ombres avec les mêmes couleurs plus fortes. Puis, vous passez une légère teinte de blanc presqu'à sec.

PRUNES DE REINE GLAUDE.

Donnez une couche légère de jaune de chrôme pâle, et par-dessus une aussi légère de bleu de Prusse. Faites les ombres avec de la terre de Sienne ; les taches et le brûlé du soleil se font avec de la laque et de la terre de Sienne que l'on tapote avec sa brosse.

RAISINS BLANCS.

Donnez en bas de chaque grain, une teinte foncée de jaune de chrôme que vous faites évanouir vers le haut, laissant le point de lumière sans couleur; couvrez le tout d'une teinte de vert pâle, très-légère enhaut et un peu plus foncée vers le bas, ayant bien soin de conserver le point de lumière et le reflet.

Pour la maturité de ces fruits et leur transparence, on se sert de terre de Sienne brûlée.

Pour les tiges auxquelles tiennent les grappes, on se sert de cette même terre, d'un peu de vermillon et de noir, que l'on pose en lignes avec le petit pinceau.

Pour les feuilles qui sont très-difficiles à bien imiter, l'on donne une première couche de jaune minéral, à laquelle on ajoute, par endroits, du jaune d'or, même de la terre de Sienne brûlée. L'on se sert ensuite de cendre verte, par places, de bleu, en d'autres endroits, du gros vert, suivant les différentes nuances qu'offre la feuille qui demande aussi du blanc dans les reflets. Les nervures qui sont en grand nombre, se marquent en employant de la même couleur que pour les nuances, mais plus ou moins foncée, quelquefois du jaune seul un peu verdâtre.

RAISINS NOIRS.

Donnez en bas de chaque grain une teinte foncée de laque que vous faites évanouir vers le haut ; mettez ensuite du bleu de Prusse de la même manière, réservant le point de lumière, et vous servant après d'un peu de vermillon, pour les reflets. Vous passez sur le tout un peu de blanc presque à sec.

DES TACHES SUR LE FRUIT.

Les taches se font généralement avec de la terre de Sienne, que l'on relève légèrement de noir.

OBSERVATIONS.

Comme il est urgent, dans les petits fruits, de conserver à la fois le point de lumière et le reflet, il faut se servir de petites brosses. Dans un objet rond et transparent, le point de lumière est quelquefois si vif qu'il faut conserver le papier à nu.

DES GOUTTES D'EAU.

Dans la peinture, on doit laisser l'emplacement des gouttes d'eau, lorsqu'il s'y en trouve; ces gouttes d'eau ou dessus gomeux, doivent être teintées légèrement en finissant, d'une eau colorée de très-peu de bleu, pour imiter le reflet de l'azur du ciel.

DU PAYSAGE.

Maintenant que nous voici arrivés à ce genre, et que notre main doit être un peu faite au maniement du petit pinceau, je vais

vous décrire, autant qu'il me le sera per-
mis, sans faire connaître mon procédé, la
manière d'employer les couleurs ; la connaissance de la méthode devant vous guider pour le reste.

DU CIEL ET DES NUAGES.

La couleur du ciel se fait avec du bleu
d'outre-mer mélangé d'assez d'eau pour
que la teinte soit bien égale et d'un bleu
d'azur : comme ce bleu fournit beaucoup,
il faut avoir soin d'en mettre très-peu
dans ses mélanges.

On laisse couverte toute la partie du
ciel qui ne doit pas être bleue, et où il
doit y avoir des nuages ; et l'on humecte
toute celle qui est à découvert avec de
l'eau pure et un gros pinceau. Lorsque
le papier est bien imbibé, l'on donne une
teinte d'outre-mer contenant très-peu de
laque que l'on fond à mesure que l'on approche de l'horizon.

Lorsque son papier est bien sec et bien
retendu, l'on donne à la place que doit

occuper l'ombre des nuages, une teinte légère tirant sur le violet et composée d'encre de chine, d'outre-mer et de laque; l'on ménage la partie des reflets, pour y revenir en dernier, avec des eaux teintées de peu de laque, de vermillon et de gomme gutte, pour les points lumineux.

L'on passe ensuite à l'horizon, après avoir fait évanouir les nuages, avec le fond du ciel dont la partie supérieure doit être un peu forcée.

La partie du ciel, bordant l'horizon, doit être teintée légèrement de laque; et les nuages qu'elle renferme doivent être de laque ou d'ocre jaune. Il faut avoir soin de faire évanouir ses teintes à mesure qu'elles s'approchent du bleu du ciel. L'horizon se fait avec du vermillon et de la laque, et la partie brillante du ciel avec de la gomme gutte.

Il faut faire bien attention qu'il y ait la plus grande harmonie dans tous les tons qui doivent être parfaitement fondus ensemble depuis la partie supérieure du ciel, qui doit être plus vigoureuse, jusqu'à celle inférieure qui doit se perdre dans l'horizon, de faire évanouir aussi ses jaunes à l'approche des bleus, pour éviter les tons verts. Enfin on repasse et termine les nuages avec des teintes colorées, du ton qu'on veut leur donner, et l'on passe aux lointains.

Auparavant, comme il est nécessaire de connaître les différens tons du ciel, suivant les temps. Nous allons les décrire avant de nous occuper des montagnes et des lointains.

LEVER DU SOLEIL.

Les nuées doivent être teintes d'un bleu foncé tirant sur le violet, puis d'un violet clair, puis d'une couleur laqueuse, ensuite carminée, et d'un rouge d'autant plus vif et brillant que le soleil s'élève vers l'horizon. Il colore alors l'atmosphère d'une teinte moins foncée qu'il finit par animer d'une clarté jaunâtre qu'il blan-

chit à mesure qu'il monte vers son méri-
dien.

Les objets terrestres doivent se ressentir de cette gradation ; leurs parties éclairées sont d'une couleur de laque ; les
lointains doivent être vaporeux ; tout,
enfin, doit se ressentir de la renaissance
du jour.

MILIEU DU JOUR.

Les nuages doivent alors être colorés
par le soleil. Le corps de ces nuages doit
être grisâtre ; les objets qu'il éclaire offrent des contrastes d'ombres et de lumière très-prononcés ; les lointains sont
d'un bleu plus foncé, et le ciel parfaitement éclairé.

COUCHER DU SOLEIL.

Le ciel est embrâsé des feux du jour
aux approches du coucher du soleil ; toute
la partie inférieure du ciel et des nuages
est éclairée et change de nuances à mesure que le soleil descend vers l'horizon ;
elle est d'abord d'un ton jaunâtre, puis

orangée, claire et successivement plus foncée, rouge pourpre, plus foncée, rouge
violâtre, violet, bleuâtre, bleu noirâtre,
jusqu'au moment où le soleil disparaît entièrement ; lorsque le ciel est pur, sa partie inférieure, à cause de la réfraction,
reste éclairée et teinte de couleurs vives,
long-temps encore après qu'il a disparu.

Les objets terrestres, dans leurs parties
éclairées, doivent participer à ces teintes.

A ce coucher, la cime des montagnes
se prononce légèrement sur le ciel, et
leurs bases semblent se noyer dans les vapeurs qui s'exhalent des vallées qu'elles
dominent. A cette heure, tout doit paraître indiquer le repos.

CLAIR DE LUNE.

Les effets en sont très-difficiles à rendre,
parce que ce n'est que de mémoire qu'on
peut les reproduire ; dans tous les cas,
les objets peints dans ce moment doivent
offrir des tons mystérieux et en petits

nombres, des reflets nombreux et variés; toute la clarté doit être conservée pour le ciel et pour les eaux.

On peut opposer à la lueur pâle de la lune, les flammes brillantes d'un incendie, ou la lumière d'habitations, ou de torches.

CIEL PLUVIEUX.

On imite la pluie qui tombe par ondée, par des bandes de couleurs parallèles qui se confondent insensiblement avec les nuages, et qui tombent jusqu'à terre, en suivant l'impulsion des vents indiqués par la courbure des tiges d'arbres, le sens des pavillons ou girouettes et celui des nuages qui semblent s'entasser et être chassés par le vent. Lorsque ces ondées tombent à l'horizon, elles se confondent avec les masses; lorsqu'elles tombent sur des plans rapprochés, elles se dessinent d'une manière sombre sur le ciel, et deviennent d'un gris bleuâtre et vaporeux sur les objets terrestres; elles masquent quelquefois , par leur intensité , toute la partie de l'horizon qui se trouve derrière elle.

DES ORAGES.

Un orage offre souvent à l'œil des contrastes d'ombre et de lumière ; quelquefois, les nuages sont partout couverts d'une teinte sombre , presque sans point de clarté ; d'autres fois , le ciel peut se trouver, dans une partie, avec des nuages lourds et épais, et dans une autre , des nuages teints de couleurs brillantes dont la chaleur et l'aspect séduisent le peintre, mais que l'on ne peut rendre qu'imparfaitement et par des oppositions. Dans cet état , des nuages intermittens doivent dérober le ciel à de certains objets terrestres , tandisque le soleil continue à éclairer d'autres parties qui restent brillantes ; quelquefois, dans l'obscurité profonde qui couvre la terre , l'éclat de la foudre produit un effet qui contraste avec cette obscurité. C'est dans l'observation de la nature qu'il faut chercher les idées et les teintes pour bien représenter ces momens.

DE L'ARC-EN-CIEL.

Pour représenter l'arc-en-ciel, on laisse couverte toute la partie qu'il doit embrasser tant sur le ciel que sur la terre, et on lui donne, après, les couleurs du prisme, mises chacune à leur place. Les couleurs réunies ensemble doivent être pâles ou vives, en raison de la clarté du soleil et de l'intensité de la pluie ; elles doivent être fondues insensiblement ensemble. Le rouge est toujours du côté du soleil, et se fait avec du vermillon mêlé de carmin. La bande jaune et celle indigo sont de moitié moins larges que la rouge, et toutes doivent se fondre, à leurs extrémités, avec le ciel.

Il arrive quelquefois que plusieurs arcs-en-ciel se trouvent joints aux premiers ; ils doivent être en arrière et jamais aussi prononcés que le premier ou principal ;

en se réunissant, ils forment une suite de teintes circulaires très-agréables à voir : d'autres fois, l'arc-en-ciel n'est qu'à peine prononcé.

Un autre arc-en-ciel nous apparaît quelquefois, on le nomme l'arc-en-ciel lunaire : ce dernier n'offre aucune couleur, il ne présente qu'une trace blanchâtre et brillante qui se dessine sur le ciel. Ce phénomène se voit par le spectateur, lorsqu'il est placé entre un nuage qui répand une forte pluie, et la lune dégagée de vapeurs, dont les rayons vont se briser dans les gouttes d'eau.

Il suffit, pour imiter ce dernier arc-enciel, d'en épargner la place, et de fondre la couleur des tons voisins avec ses extrémités; après, on lui donne une teinte vaporeuse avec un mélange d'encre de Chine, de bleu de Prusse et de laque.

DES EFFETS DE NEIGE.

Vous donnez aux objets de votre paysage la forme et le coloris, en conservant le papier absolument blanc aux endroits où la neige doit se trouver. Les parties de cette neige, qui sont dans l'ombre, doivent avoir une teinte bleuâtre, tandis que celle que le soleil éclaire, reste d'un blanc mat. Le fond du ciel alors doit être d'un bleu grisâtre, sur lequel la neige qui couvre les objets rapprochés, se dessine en blanc.

Des effets de neige, peints sur du papier bleu de ciel et rehaussés avec du blanc, font très-bien.

DES MONTAGNES ET DES LOINTAINS.

Les montagnes, vues dans le lointain, se font avec de l'outremer, pour les parties ombrées, et par fois un peu de laque et de noir.

On se sert de laque orangée pour indiquer les parties où la lumière frappe.

Les montagnes qui bornent l'horizon, s'aperçoivent peu par un temps de brouillard; cependant leur cime se dessine hardiment au-dessous des nuages.

Généralement, lorsqu'il y a des montagnes, les nuages sont au-dessous de leur cime et les cachent en partie.

Lorsqu'il y a plusieurs montagnes, on doit avoir soin de les lier ensemble et de les faire tourner par des reflets. Elles ne doivent point trancher durement sur le le ciel ou sur tout autre fond.

Il faut donc se garder de donner aux lointains trop de vigueur qu'il faut réserver pour les plans intermédiaires et les devans; néanmoins, dans les pays chauds, les lointains se dessinent sur le ciel d'une manière plus vigoureuse.

DES EAUX.

Il est difficile de rendre avec une parfaite exactitude la surface des eaux qui sont très-mobiles.

Dans les lointains, les eaux se font avec de l'outremer ; de près, avec de l'indigo et une teinte légère de noir.

Lorsque les eaux sont unies, elles doivent réfléchir les objets qui les avoisinent et qui se dessinent renversés; les eaux participent alors aux couleurs de ces objets auxquels l'eau doit aussi refléter la sienne. Dans tous les cas, la couleur des eaux participe toujours de celle du ciel.

Lorsque des eaux se brisent ou forment des vagues agitées, on les glace d'un peu de vert minéral, d'ocre et de jaune indien, et la couleur blanche ou celle que l'on reserve du papier, sert pour former les brillans ou rehausser les bouillonnemens.

DES ROCHERS.

Pour la teinte des rochers, on se sert de terre d'Italie, des bruns mars mélangés d'ocre et de laque. Dans les parties ombrées, on emploie le brun mars; dans les demiteintes sombres, le bistre et la laque, ou le bleu mêlé d'ocre, ou les bruns rouges. La partie éclairée est colorée par une teinte légère de terre de Sienne, quelquefois de jaune indien, d'autrefois du bleu.

Les glacis verdâtres se font avec du bleu et de l'ocre mélangés; pour ceux d'un ton rougeâtre, on se sert du carmin combiné avec les différentes terres, le noir, les laques et l'ocre; on rehausse avec de l'ocre jaune.

DES MOUSSES.

Le ton des mousses est composé de jaune, de vert minéral, de bleu de Prusse, et de noir dans les ombres; les lumières se rehaussent de jaune que l'on peut forcer avec le jaune indien.

DES TERRASSES.

Les terrasses se font avec de la terre d'Italie, et s'ombrent en forçant de cette terre, et y ajoutant parfois un peu d'encre de Chine. Les clairs, avec de l'ocre ou du jaune de Naples, s'ils doivent être chauds; l'on passe ensuite sur son travail un glacis de terre de Sienne pour harmoniser les teintes.

DES TERRAINS.

Les terres arides se font avec du brun rouge, de la terre d'Italie et de la laque ; les demi-teintes avec de l'ocre de rue ; la terre de Sienne pour les reflets, et l'ocre mélangé avec très-peu de noir, pour faire ressortir les clairs.

Les terres couvertes de gazon, se font avec du vert minéral et de l'indigo ; pour les ombres, on se sert de la terre de Sienne et même du noir. On diminue le bleu à mesure que le plan s'éloigne, et on le ramplace par du noir pour éteindre les lumières qui seraient alors trop fortes.

Pour les demi-teintes des premiers plans on emploie l'ocre et la gomme gutte mélés de bleu, et pour celles des plans plus éloignés, on remplace le bleu par le noir ; le travail se finit par de petites hachures. en forme de lames de canif ou de virgules renversées et inclinées, tantôt d'un côté tantôt de l'autre, pour imiter les petites herbes et le gazon.

DES CHEMINS.

La teinte locale des chemins se fait avec de l'ocre de rue et de la terre d'Italie. Les demi-teintes, avec de l'ocre et de la laque; on passe ensuite sur ce travail une teinte mélangée de laque, de terre de Sienne et de noir.

DES CAILLOUX.

Les cailloux se font comme les rochers; pour l'ombre de dessous, on se sert de brun mars et du précipité; cependant, comme en général ils sont beaucoup plus variés dans leur couleur, leurs teintes seront données suivant la nature, le modèle ou l'imagination du peintre.

DES BROUSSAILLES.

L'on donne d'abord une teinte de bleu de Prusse et d'ocre de rue mélangés, les demi-teintes se font avec de la terre de Sienne. Les lumières, avec un peu d'ocre jaune et un peu de laque. Les creux avec du brun mars et du précipité ; on passe ensuite sur son travail un glacis du ton le plus en rapport avec l'espèce.

DES ARBRES.

Dans un paysage, la place des arbres doit être ménagée sur le ciel. Le tronc se fait avec de l'ocre, de la terre de Sienne, du brun mars, du bleu et de la laque, selon le degré de chaleur que l'on veut leur donner ; les hachures doivent être perpendiculaires à l'horizon, et sont foncées de distances en distances avec du précipité.

Les branches se font avec les mêmes couleurs, et doivent se ressentir de celle des feuilles qui les couvrent.

Le feuillage se fait avec le vert le plus en rapport avec l'espèce ; celui du premier plan doit être vigoureux et pâlir à mesure qu'il se rapproche des lointains ou de la lumière ; quelques parties de

feuillages morts au jannis par l'automne,
doivent être d'une teinte jaunâtre et couleur de terre de Sienne brûlée, c e qui
fait ressortir la verdeur des autres. On
glace ensuite son feuillage d'une teinte en
rapport avec son ton , et l'on rehausse ses
points lumineux avec les mêmes couleurs.

L'ombre des arbres se fait avec de la
terre de Sienne brûlée, du brun mars, du
bleu et de la laque. Les reflets, avec de
l'ocre jaune et de la terre de Sienne.

DES MAISONS.

Les maisons se font ordinairement avec
de l'ocre de rue, du bleu, de la terre de
Cassel et du blanc ; leur ombre se marque
avec le bleu, l'ocre de rue, du mars bistre
et du noir, dont l'on augmente les tons
dans quelques endroits avec du précipité.

Les briques en tuiles se font avec parties égales de terre de Sienne et de laque ;
les ardoises, avec parties égales de blanc,
de bleu de Prusse, de laque et de noir.

DES BOIS TRAVAILLÉS.

Généralement, les bois travaillés se font avec du mars bistre et de la terre de Sienne mêlés avec du jaune.

Pour imiter l'acajou on se sert de l'ocre de rue, du brun rouge, des bruns mars, de la terre de Sienne, de la laque et de l'ocre jaune. Les ombres se font avec les bruns mars, et les clairs avec du jaune. L'on passe ensuite sur ces teintes un glacis d'une eau brune un peu gommée, pour lui donner du poli.

Pour imiter le noyer, on emploie l'ocre et la terre de Sienne brûlée, et l'on y passe le même glacis.

DU FEU ET DE LA FLAMME.

Pour faire le feu, on se sert de vermillon et de laque.

Pour la lumière et les flammes, du jaune de Naples, de l'ocre jaune et du jaune indien.

DE LA FUMÉE.

La fumée doit être faite plus délicatement que les nuages. Sur les objets foncés, elle est bleue, grise ou blanche, surtout de la première couleur au point de son départ ; sur les objets clairs, elle doit être composée d'un peu de terre de Sienne et de noir. L'intérieur de ses tourbillons tire sur le violet qui s'obtient avec du bleu, du bistre et du noir.

DES VÊTEMENS.

Les vêtemens doivent toujours se perdre dans les fonds ; ceux de drap bleu se font avec de l'indigo et très-peu de laque, auxquels on ajoute du noir pour les ombrer. Les lumières se font avec un peu de blanc.

Les habits de drap noir se font avec du blanc, de l'indigo et du noir de bougie ; l'ombre, avec du noir pur et un peu de bleu. Les clairs avec la teinte locale à laquelle on ajoute un peu plus de blanc. On glace après avec du bleu léger.

DES SCHALLS.

Les schalls, en général, doivent se faire comme les étoffes en laine, avec des tons un peu vigoureux. Les palmettes doivent être peintes grassement et bien fondues.

DES VELOURS DE DIFFÉRENTES COULEURS.

Le Velours noir se fait avec une première teinte de noir de bougie que l'on ombre avec du noir mêlé de bleu; on fait les lumières avec du noir et du blanc mélangés à du brun rouge et de l'ocre jaune. Les reflets se glacent avec un peu de laque mêlée de terre de Sienne brûlée.

Le Velours violet se fait d'une première teinte de bleu et de carmin; les ombres avec du noir et du carmin, et par-dessus, une teinte de carmin et de blanc mêlés à un peu de bleu. Les lumières se marquent avec un peu de blanc et du carmin ; lorsqu'elles sont trop crues, on y passe un glacis de carmin et de laque.

LE VELOURS VERT se fait avec du bleu de Prusse et de l'orpin rouge ; les ombres, avec du noir et du précipité ; les lumières, avec du blanc et du bleu. On glace ensuite avec du vert de vessie.

LE VELOURS ROUGE se fait avec du carmin et du brun rouge ; les ombres avec du précipité ; les lumières avec du carmin pur. l'on rehausse les points les plus brillans avec du blanc que l'on glace légèrement de carmin.

LE VELOURS BLEU se fait avec de l'outre-mer et de la laque ; les ombres avec de l'indigo ; les demi-teintes avec de l'outremer, de la laque et un peu de terre de Sienne ; l'on réserve les clairs que l'on rehausse avec du blanc teinté ensuite avec de l'outremer.

LE VELOURS JAUNE se fait avec de l'ocre

et du jaune de Naples ; les ombres avec de l'ocre ordinaire et de l'ocre de rue ; les plis les plus renfoncés avec du mars bistre, du vermillon ou de l'ocre de rue ; l'on unit ensuite son fond avec un composé de sa première teinte.

Les lumières qui ont dû être réservées, se font avec du jaune de Naples que l'on glace de jaune doré.

DES SATINS.

La manière et les couleurs sont les mêmes que pour les velours, sur lesquelles on donne ensuite un glacis. Seulement nous nous étendrons un peu sur le satin blanc qu'il est plus difficile de saisir ; l'on commence par marquer les ombres ainsi que les demi-teintes, et toucher les lumières avec du blanc ; on emploie l'outremer pour les teintes argentines ; du jaune doré, du noir et de l'outremer pour les parties fermes, et du blanc peu gommé et bien uni pour les lumières.

Le satin doit réfléchir les objets qui l'environnent.

DES CRÊPES.

Pour peindre les crêpes, il faut avoir soin de ne donner ses couches que presqu'à sec pour imiter le ton de ces tissus ; l'on a soin que ses bords soient terminés au petit pinceau, et les ombres se font avec de la même teinte locale, mais un peu plus foncée.

DES MOUSSELINES ET DU LINGE.

Il faut, comme pour les crêpes, donner ses couches presqu'à sec et très-légèrement de manière à ce que ce tissu; qui doit être transparent , laisse apercevoir l'objet qu'il couvre.

Dans le linge blanc, il faut généralement en exclure le noir, même pour les ombres qui doivent se faire avec un peu d'ocre de rue.

DES DENTELLES ET GAZES.

Ces tissus sont peu susceptibles de lumières très-brillantes, et leur ombre doit se ressentir et se faire du ton de l'objet qu'ils couvrent. Il faut également que la brosse soit presque sèche, comme en général pour toutes ces sortes de tissus. Les clairs se rehaussent avec du blanc peu gommé, et se fondent avec le reste ; leur ombre doit presque toujours être un peu rousse, et l'on emploie le précipité pour le creux des plis.

DES GANTS.

Le premier ton des gants doit être d'abord un peu vigoureux et terminé ensuite légèrement. Les ombres se font en forçant de la même teinte.

L'ombre des gants blancs se fait avec un peu de noir ; les demi-teintes avec de l'ocre; les reflets avec du jaune de Naples. On donne ensuite un glacis, et l'on revient sur les ombres avec du bistre.

DES CHAPEAUX.

Pour les chapeaux de paille, l'on doit

en composer le ton avec du blanc et un peu d'ocre jaune ; l'on doit forcer la première couleur dans les demi-teintes.

Les ombres se font avec de la terre de Sienne ; les reflets avec du jaune de Naples ; l'on donne ensuite un glacis composé d'une teinte de jaune indien ou de jaune doré, suivant l'espèce de la paille.

Le nattage se marque en forçant un peu la couleur sur son bord.

DES PLUMES.

En général, leur travail exige beaucoup de légèreté et de finesse dans les tons ; il faut que les touches soient faites presqu'à sec.

Les plumes blanches se font avec du blanc de cobalt, un peu d'ocre et très-peu de laque. L'on ombre avec très-peu de noir et de bleu. Les barbillons se rehaussent de blanc pur, et chaque brin doit être marqué au petit pinceau. La côte de la plume se glace légèrement d'un peu de bleu ainsi que la racine des brins, lorsqu'elle est dans la demi-teinte.

DES BRODERIES EN OR ET EN ARGENT.

On laisse en blanc la place des broderies, et l'on couvre la partie de celles qui doivent être en or avec de l'ocre de rue, et celles qui doivent être en argent, avec très-peu de noir mélangé de bleu. L'on pose ensuite son or qui doit être mélangé d'un peu de terre de Sienne dans les reflets, et être très-pur dans les lumières. L'on agit de même pour l'argent.

DU FER ET DE L'ACIER.

La teinte de l'acier se compose de noir et de bleu ; les ombres d'indigo, de terre de Cassel et de noir ; les demi-teintes d'outremer et de blanc ; les brillans d'un peu de bleu rehaussé de blanc, et les cavités de précipité violet et de noir.

Le fer demande plus de bleu, la lumière doit être de cette couleur, et l'ombre d'indigo pur.

DES PERLES ET PIERRERIES.

Les perles se font avec de l'outremer extrêmement léger, que l'on mélange avec un peu de terre de Sienne pour les ombrer. Leur reflet se fait avec de l'ocre, et la lumière avec du blanc d'argent.

Les reflets doivent varier, suivant le fond sur lequel les perles se détachent, si elles sont sur la peau, ils doivent être en terre de Sienne.

Les pierreries se font des couleurs légères que demande l'espèce, et, pour imiter la touche lumineuse des facettes, il faut la rehausser carrément de blanc pur, que l'on glace ensuite du même ton que la pierre.

Les reflets des pierreries doivent prendre leur couleur de celle de la monture ainsi que des étoffes qu'elles couvrent.

DES FOURRURES.

Pour la fourrure blanche, il faut donner une teinte d'outremer très-étendue de blanc; l'ombre qui est d'un ton roux se fait avec de l'ocre de rue, et de la terre de Sienne, lorsqu'il est nécessaire; les demi-teintes tirant sur le jaune, avec de l'ocre ou de la terre de Sienne et de la laque; celles qui sont bleuâtres, avec du bleu, du noir et du blanc.

La fourrure dite *le petit gris,* se fait avec une teinte de noir, de bleu et d'indigo.

La fourrure brune, avec du brun n° 4; les demi-teintes avec de la terre de Sienne et de l'ocre de rue; les enfoncemens avec une teinte de noir et d'indigo; les ombres avec du noir pur; les demi-teintes avec du noir mêlé à du brun; les lumières se rehaussent de blanc ou de gris.

DES MARINES.

Combien la mer n'offre-t elle pas à l'amateur passionné, de sujets aussi frappans que nombreux et remplis de contrastes ; mais combien aussi cette partie intéressante du paysage, demande-t-elle d'étude pour mettre parfaitement en rapport les sujets de son tableau, et représenter avec vérité les effets d'ombre et de lumière.

Les principales situations qui attirent notre attention sur cette immense quantité d'eau, sont la tempête et le calme ; nous allons autant que possible décrire les sujets qui doivent y figurer.

DE LA TEMPÊTE.

Il faut, je le répète, s'attacher au naturel des effets, à la transparence et à la couleur des eaux ainsi qu'au désordre et au fracas que ce temps amène dans le ciel et les ondes. Il faut donc y faire figurer des vagues hautes, puis roulantes et pleines d'écume ; un vaisseau prêt à s'engloutir dans l'abîme, et dont les mâts, les vergues et les voiles brisées par la force des vents, sont pendantes ou ballotées par les flots ; des barques, des tonneaux, des débris, des matelots à la nage, des noyés, des oiseaux de mer planant au-dessus de leur proie; tout enfin doit nous montrer l'image horrible de la tempête rendue encore plus affreuse par la couleur sombre du ciel et la foudre qui éclate dans ces ténèbres. La nature ou d'excellens modèles, peuvent seuls nous guider pour bien rendre ces effets dont l'imagination ne pourrait venir à bout.

DU CALME.

Ici, tout change, tout doit être immobile, jusqu'aux voiles qui retombent le long des mâts ; les eaux sont unies comme une glace; quelques hommes seuls doivent paraître se promener sur le pont du vaisseau, et des matelots, dans des barques, doivent agiter leurs rames pour tirer à la remorque ce bâtiment que l'absence totale des vents fait quelquefois rester en place des semaines entières.

Ces vues de marine sont d'un très-bon effet au dessin de la mine de plomb fondue et gommée, qui fait partie d'un de mes procédés.

DU PORTRAIT.

Nous voici arrivés à la partie la plus intéressante de la peinture, à celle qui nous offre les modèles les plus parfaits.

Combien d'émotions différentes n'éprouvons-nous pas dans l'exécution de ce genre qui nous procure la conservation des traits de tout ce qui nous est cher.

En travaillant au portrait d'un père, en fixant sur les siens vos yeux où se peignent

la douce reconnaissance et l'affection res-
pectueuse qu'il vous inspire, votre cœur
se sent poussé par un sentiment noble et
élevé qui augmente d'un degré de plus le
talent que vous apportez à reproduire ces
traits si chers.

C'est surtout en faisant celui d'une mère
tendre, en vous rappelant les soins tou-
chans qu'elle a donnés à votre enfance,
toute sa sollicitude pour vous ; que votre
émotion et vos efforts augmentent pour
bien reproduire tout ce que peut expri-
mer une figure qui, en fixant ses regards
sur les vôtres, exprime encore toute sa ten-
dresse et son intérêt pour vous ; vos yeux
alors lui rendent avec usure tous les sen-
timens de reconnaissance et d'affection
que vous ressentez pour elle.

Lorsque, par malheur, vous avez perdu
ces deux êtres auxquels vous devez la vie,
et qu'il vous arrive de faire le portrait d'un
oncle ou d'une tante qui les remplacent
dans votre cœur, sans vous en ravir le sou-

venir, lorsque surtout ces bons parens tâ-
chent de réparer cette perte cruelle par
l'intérêt et les soins qu'ils apportent à adou-
cir votre existence, n'éprouvez-vous pas
aussi une émotion bien douce ?

Mais c'est surtout en reproduisant des
traits qui ont fait naître sur vous la passion
la plus forte, que vous éprouvez des sensations difficiles à décrire. Vos yeux et votre pinceau s'animent alors du feu qu'entre-
tient sans cesse cette vue pleine de char-
mes ; votre émotion devient quelquefois si
forte qu'elle anéantit pour un moment tous
vos moyens comme peintre, et demande
une distraction qui rafraîchisse vos sens.

L'amitié, quoique plus douce et presque toujours plus durable, ne vous fait
pas moins éprouver des sensations agréables ; votre touche a plus de hardiesse ; une
trop grande envie de bien faire ne vient
point altérer vos forces, et vous terminez
avec tranquillité un travail qui était un
plaisir pour vous.

Enfin, pour l'artiste dont le pinceau et les talens font l'existence, toutes ces émotions sont les mêmes; car, ordinairement doué de plus de feu dans l'imagination , sa passion pour son art s'en ressent davantage, et sa réputation lui sert de guide pour les portraits des personnes qui lui sont étrangères.

Comme, pour entrer dans les explications sur la manière de peindre le portrait d'après ma nouvelle méthode, il faudrait donner des détails qui feraient connaître le procédé même, je ne pourrai que faire une recommandation indispensable, c'est d'avoir soin dans le portrait d'après nature de ne peindre la personne que lorsqu'elle est dans un état de bonne santé et que ses traits ne sont point altérés par des souffrances physiques et même morales qui les décomposent toujours.

En démontrant mon procédé, et donnant des explications claires pour une exécution facile, je mettrai à même d'y parvenir.

DES TEINTES ET REFLETS.

Lorsque l'on peint d'après nature ou d'après une copie, il faut avoir l'attention de placer l'objet de manière à ce que la lumière ne vienne que d'un côté, et à éviter qu'il ne soit mal entouré, c'est-à-dire d'objets dont le reflet des couleurs donnerait des teintes fausses à son sujet.

Dans le coloris, il faut observer et faire sentir :

1°. La partie éclairée ;

2°. La demi-teinte ;

3°. La teinte ;

4°. L'ombre ;

5°. Le reflet.

La partie éclairée se fait de la couleur locale, mais si faiblement exprimée que quelquefois le papier reste à nu.

La demi-teinte est la même couleur, mais un peu plus fortement sentie et fondue vers le point de lumière.

La teinte est la couleur dans toute sa force, qui, se fondant vers le point de lumière, forme la demi-teinte avant de s'évanouir vers ce point.

L'ombre est la teinte pleine mais plus foncée.

Le reflet est la partie opposée à celle qui est éclairée ; elle doit participer de la lumière de l'objet auquel il appartient et de celle des objets qui l'environnent.

Des reflets bien naturels font tourner l'objet dont ils adoucissent les contours, ce qu'il est facile d'obtenir par la nouvelle méthode que j'enseigne, en y apportant beaucoup de soins.

MANIÈRE D'ESQUISSER

D'APRÈS NATURE.

Cette manière est aussi simple que facile et peu coûteuse ; on prend un cadre qui n'a pas besoin d'être plus grand que l'objet que l'on veut esquisser, il doit être garni d'un verre blanc sur lequel, lorsque l'on veut s'en servir, on donne une couche d'eau gommée assez fortement de gomme arabique.

A ce cadre doit être adaptée une double tringle placée d'un bord à l'autre du milieu du chassis, à un pouce de distance l'une de l'autre et élevées d'environ six pouces, auxquelles un œillet en métal ou carton mince et percé d'un trou au milieu, sera placé de manière à pouvoir couler et s'arrêter à volonté le long de ces tringles, afin que l'œil puissse se fixer toujours au même point.

Ce cadre devra être placé sur une espèce de pupitre portatif, comme ceux qui servent pour la musique.

On se place ensuite de manière à ce que le jour ne frappe que d'un côté, et l'on suspend ou l'on pose derrière la vitre l'objet que l'on veut esquisser ; puis, avec un poinçon, l'on en trace l'esquisse sur le verre qui est enduit de gomme que l'on a

soin de laver quand on a terminé son sujet et que l'on recouvre d'une autre couche
qu'on laisse sécher au besoin. L'esquisse
étant terminée, on la calque sur du vernis.

Pour tout ce qui est feuilles ou objets
plats, on peut les calquer de suite, en posant dessus ce même papier et les traçant
avec un poinçon.

OBSERVATIONS GÉNÉRALES ET ESSEN-TIELLES.

Je n'aurais pu, dans le cours de ce petit
ouvrage, m'étendre davantage sur les explications ou la manière de se servir des
couleurs, sans faire connaître une partie
du procédé que j'ai amélioré.

Les personnes surtout qui ont connaissance de la peinture, auront pu trouver
quelques expressions imparfaites; mais, je
le répète, j'ai dû agir ainsi et me trouver
moi-même nécessairement embarrassé et
presqu'obligé de m'arrêter court dans certaines explications qui m'entraînaient

quelquefois trop loin. Je renverrai donc
à la connaissance de ma méthode qui ap-
planira bien des difficultés, surtout par
les notes que je donnerai à chaque élève;
l'on sera étonné alors de la facilité avec
laquelle tout s'exécutera, et combien ce
qui paraissait d'abord peu compréhensible
deviendra clair.

PEINTURE CHINOISE

EN RELIEF.

DES OUTILS.

Les outils et couleurs sont les mêmes
que pour la peinture ou gouache orientale,
auxquels on ajoute quelques pinceaux ou
brosses plates à vernir, de la pierre ponce
en poudre tamisée, et des vernis dont j'in-
diquerai la composition à mes élèves qui
pourront d'ailleurs les faire faire par tous
les marchands de couleurs.

OBSERVATIONS.

Comme donner des explications et en
trer dans des détails serait indiquer le pro
cédé même, très-facile à exécuter, je m
bornerai à dire que sans aucune notion d
dessin et sans même connaître la peintur
orientale, l'on peut faiɪe mille objets cu
rieux avec des petits sujets que l'on trouv
partout ; il ne faut donc qu'apprendre l
procédé.

NETTOIEMENT

DES GRAVURES VIEILLES OU ENDOMMAGÉES PAR LES TACHES.

Il existe plusieurs manières de nettoyer
les gravures; quelques personnes mettent
de la fleur de soufre dans un vase grand et
profond, l'allument et exposent leur gravure au-dessus à la vapeur de ce soufre.

D'autres imbibent d'eau claire la gravure
entière, et y passent légèrement de l'eau

de javel pas trop vieille, et relavent ensuite à plusieurs reprises leur gravure
avec de l'eau fraîche.

D'autres enfin, et je crois cette manière
la meilleure, font tremper leur gravure
dans l'eau pure, pendant vingt-quatre
heures; quand elle est ensuite à moitié
sèche, ils la couchent sur un papier
brouillard uni et bien propre; l'étendent
sur un plan horizontal, et avec une grosse
brosse douce, remplie d'eau oxigénée,
ils la lavent entièrement; en séchant elle
redevient comme neuve.

CHASSE AUX INSECTES.

Pour faire la chasse aux insectes, il est
d'abord nécessaire de se munir des instru-
mens indispensables, savoir :

Une petite boîte en carton d'environ
un pied de long sur quatre à cinq pouces
de large et autant de hauteur. Le fond et
le couvercle doivent être doublés d'une

planche de liége ou de roseaux bien secs, joints et unis ensemble, et recouverts d'une feuille de papier blanc très-mince et collée dessus avec une colle très-légère pour qu'elle ne puisse opposer aucune résistance aux pointes d'épingles. De chaque côté de cette boîte seront fixés deux anneaux pour y passer un ruban, afin de la porter en baudouillère. A l'une des extrémités intérieures de la boîte, l'on y mettra un compartiment pour y déposer séparément une pince ou bruxelle pour saisir les insectes qui se trouvent dansdes trous ou sous les pierres, et un flacon à goulot évasé pour y introduire les plus petites espèces d'insectes.

Il faut ensuite une pelote ronde et plate, d'environ un pouce d'épaisseur, les deux côtés doivent être en carton et le contour en soie, l'intérieur est garni avec du coton. Cette pelote doit être pourvue d'une grande quantité d'épingles longues et de différentes grosseurs ; un ruban doit y être attaché pour la passer en sautoir, afin de l'avoir toujours sous la main et de ne pas la chercher.

De plus, il faut être muni de deux troubles ou espèces de filets, l'une servant à chasser les insectes qui voltigent, sera faite en gaze légère adaptée à une petite tringle ronde, en fer, et ayant un pied d'ouverture transversalement ; l'autre sera faite en grosse toile à cannevas, adaptée à une plus grosse tringle en fer ayant la forme d'un triangle et d'environ un pied d'ouverture ; la tringle sera recouverte en peau pour garantir la toile, et l'empêcher d'être coupée. Ce second filet sert à chasser les insectes qui vivent dans l'herbe et habitent le bord de l'eau.

Ces deux troubles s'adaptent, au moyen d'une vis, à une canne en bois dur.

On se sert du filet en gaze, en le présentant avec vitesse au-devant de l'insecte qui vole, et l'on tourne rapidement le poignet aussitôt qu'il y est entré, de

manière à ce que l'ouverture en soit fer-
mée par ce mouvement. On saisit ensuite
l'insecte avec sa petite pince, et on lui
presse le corselet au-dessous des aîles pour
le faire périr, puis on le pique avec une
épingle au milieu du corselet, et on le
fixe dans sa boîte.

On ne doit pas piquer indistinctement
tous les insectes sur le corselet. Les coléop-
tères et tous ceux dont les ailes sont dures
se piquent obliquement sur l'élytre droite,
de manière que la pointe de l'épingle vienne sortir entre la deuxième paire de pattes.

Il faut avoir soin de placer les insectes
dans sa boîte, à une distance suffisante pour
qu'ils ne puissent s'atteindre les uns les
autres ni s'endommager avec leurs pattes.

On se sert du filet en toile à canevas,
en le promenant comme une faux dans
les herbes et roseaux.

Lorsque l'on ne veut point prendre
l'insecte avec les doigts pour le piquer,
l'on garnit de gaze blanche une petite

tringle mince, de forme ronde, et d'environ quatre pouces d'ouverture ; en la posant sur l'insecte, on a toute la facilité pour le piquer convenablement.

Quelques amateurs mettent dans leur flacon à insecte, environ la moitié d'esprit de vin ; à mesure qu'ils en attrappent un, ils le jettent dedans et l'insecte périt de suite. Il faut avoir soin de n'employer cette manière que pour ceux qui sont noirs et sans velouté, à moins que l'on ne retire de suite en rentrant ceux qui sont pourvus de couleurs brillantes ; car autrement ce liquide en altérerait l'éclat.

J'ai dit plus haut qu'il vallait mieux saisir l'insecte avec une pince un peu longue, et, je le répète ici, parce qu'il en est, comme le scorpion par exemple, qui se sentant pressé, développe et promène sa queue pour chercher à piquer ; d'autres qui, au moment où on les pique lancent une liqueur acre qui occasionne des cuissons à la peau. Il faut donc, autant que possible se servir d'une pince pour

les saisir comme pour les piquer, à moins
que l'on ne connaisse les individus.

Si cependant le hasard voulait que l'on
fût piqué par un scorpion qui est un des
insectes le plus à craindre, quoique ceux
d'Europe ne produisent par leurs piqures
que des accidens assez graves; il faut frot-
ter de suite la partie atteinte avec de
l'huile de cet animal. Lorsqu'elle est faite
par un de ces insectes d'Afrique ou d'Amé
rique, nommé scorpion noir dont le virus
est beaucoup plus actif et presque toujours
mortel, si on n'y remédie aussitôt, on
cautérise la partie par le feu ou le nitrate
d'argent fondu. On peut aussi employer
avec succès l'alcali volatil que l'on verse
sur la plaie après l'avoir élargie avec un
bistouri; l'on boit ensuite un verre d'eau
dans laquelle on en a mis cinq ou six
gouttes; l'application de l'alcali augmente
d'abord l'inflammation qui produit quelquefois un léger mouvement fébrile; mais
bientôt on est rétabli.

Le parti le plus simple et le moin.
dangereux pour s'emparer de cette espèce,
est de saisir l'insecte avec une pince et
de le mettre dans l'esprit devin d'où on
ne le retire. pour le piquer, que lorsqu'il
est mort.

Les insectes se trouvent particulièrement sous les vieilles pierres, sous les bois
abattus qui ont séjourné long-temps à la
même place, dans les troncs d'arbres
pourris dont on casse les parties mortes
avec un mauvais couteau consacré à cet
usage, etc.

Les phalènes ou papillons nocturnes se
trouvent presque partout ; on rencontre
les espèces les plus précieuses dans les fo-
rêts, sur les maronniers et les ormes qui
bordent les routes. C'est ordinairement
au premier rayon du jour que ces papillons commencent à prendre leur repos ;
on frappe alors fortement le tronc de
l'arbre avec son pied ; cette secousse les
fait tomber et l'on s'en empare avec faci-

lité ; on leur serre l'abdomen ou ventre avec sa pince, afin de les faire périr, et on les pique sur une des parties latérales du corselet, en ayant bien soin d'éviter de toucher la poussière écailleuse qui forme la couleur de leurs ailes, et qui sert de caractère pour les distinguer.

D'autres familles d'insectes de la plus petite espèce séjournent sur les arbrisseaux. Pour se les procurer, on étend un linge blanc sous l'arbre ou la plante où l'on juge qu'ils doivent être, et on le frappe fortement du pied, les insectes tombent, et à l'aide de ce procédé, on obtient quelquefois des espèces curieuses.

Pour préparer et étendre les papillons, il faut avoir une planche en bois blanc d'environ un pied de long sur trois à quatre pouces de large et un pouce d'épaisseur, sur laquelle on collera une feuille de liége de deux lignes d'épaisseur. Au centre et sur la longueur de cette planche, il devra y avoir une rainure de trois à quatre lignes de large sur neuf à dix lignes de profondeur, et au fond de laquelle on collera également une petite tringle en liége.

Le papillon étant piqué, on le pose dans cette rainure de manière à ce que la pointe de l'épingle entre dans le fond, et à ce que le corps de l'insecte soit de niveau avec le liége, et on les assujétit avec du papier végétal posé dessus et fixé avec des épingles. On relève également le corps et les pattes dans une position naturelle, et on les assujétit avec des épingles piquées en-dessous et de côté; lorsqu'il est sec, on le classe dans une boîte ou un cadre.

VOCABULAIRE

Des principaux termes techniques qu'il est nécessaire d'employer pour les sujets traités dans cet ouvrage.

ABDOMEN , ou ventre des insectes.

AILES , parties qui se développent pour faire voler l'insecte.

AIGUILLONS , petites pointes qui nai ssent à la superficie de l'écorce.

AMANDE , partie , chair , ou semence qui se trouve dans le noyau.

ANTENNES , cornes mobiles des insectes.

ANTHÉRE, partie de l'étamine qui tient à l'extrémité supérieure du filet ; cette partie est une espèce de boîte qui s'ouvre quand elle est mûre et répand une poussière jaune et odorante que l'on nomme pollen.

BOIS, corps de l'arbre qui est sous la troisième enveloppede l'écorce.

BOURGEON , espèce de bouton en forme d'en-

veloppe ronde ou alongée qui contient l'embryon des feuilles et des fleurs.

BRANCHES , parties qui partent de la tige.

CALICE, partie de la fleur , divisée ordinairement en cinq folioles et qui soutient et enveloppe entièrement la corolle avant son
épanouissement.

CAPSULE , partie qui renferme les semences
de la fleur.

COROLLE, principale partie qui forme le corps
de la fleur.

CHAIR, partie proprement dite du fruit qui est
sous le péricarpe.

CORSELET, partie du corps entre la tête et le
ventre des insectes.

DANTELURE, petites échancrures qui sont sur
le bord des feuilles.

DISQUE, c'est tout ce qui compose la feuille
et son contour excepté le pétiole.

ECORCE , partie qui se trouve sous l'épiderme
ou première peau des tiges.

ELYTRES, ailes en forme d'étui, qui recouvrent
les ailes de dessous des insectes.

EMBRYON , premiers linéamens des organes
des plantes.

EPIDERME , première peau fine qui couvre l'écorce.

EPINES , pointes qui sortent du bois et traversent l'écorce.

ETAMINES , parties qui se trouvent entre le pistil et la corolle des fleurs.

FEUILLES SESSILES , ce sont celles qui n'ont point de pétiole.

FEUILLES ENERVES , ce sont celles qui n'ont aucune nervure.

FOLIOLLE , une des cinq parties qui composent le calice et enveloppent la corolle.

FILET , une des deux parties de l'étamine qui tient au fond de la corolle.

LIBER, c'est la troisième enveloppe de l'écorce touchant le bois.

LOBES, échancrures profondes qui paraissent diviser la feuille en plusieurs parties.

LOGES, parties qui renferment la graine ou semence.

LILIACÉE, plante dont la fleur ressemble à celle du lis.

MOELLE, substance spongieuse qui occupe le centre des tiges.

Nervures, espèce de côtes qui se trouvent dans la feuille.

Nervure médiane, c'est celle principale qui fait suite au pétiole.

Nœud, excroissance aux parties extérieures d'un arbre, partie plus dure à l'intérieur.

Noyau, partie dure renfermée dans le fruit, et contenant les amandes.

Ombilic, petite cavité formée par les débris d'un calice, et située à la partie opposée au pédoncule du fruit.

Ovaire, base du pistil de la fleur, on la nomme aussi germe.

Pattes, ou pieds.

Pédoncule, espèce de pétiole qui attache la fleur à la tige, queue qui tient le fruit.

Péricarpe, peau ou pellicule qui enveloppe le fruit.

Pétales, parties qui composent la corolle des fleurs.

Pétiole, queue qui joint la queue à la tige.

Pistil, partie qui est au fond de la corolle et quelquefois au-dessous dans certaines fleurs.

Poils, petite soie ou duvet qui entoure quelques fruits et plantes. II.

POLLEN , poussière jaune et odorante qui tombe de l'anthère lorsqu'elle est mûre.

RACINE , partie située à celle inférieure de la plante.

RAMEAU , partie qui part de la branche.

RAMILLE , partie qui part du rameau.

RÉCEPTACLE , partie charnue qui est au fond du calice.

STIGMATE, chapiteau qui couronne le style ou filet posé sur l'ovaire du pistil.

STYLE , filet posé sur l'ovaire ou germe du pistil.

TIGE, partie de la plante qui va de la racine à la fleur.

TIGE EN SPIRALE, c'est celle qui s'entortille autour de l'objet qui l'avoisine.

TROMPE , espèce de long suçoir des insectes ; il y en a de roulés en spirale.

VRILLES OU MAINS, espèce de fils roulés en tirebouchon comme on en voit à la vigne , aux pois, etc.

TABLE MÉTHODIQUE.

•••

TABLE ALPHABÉTIQUE.

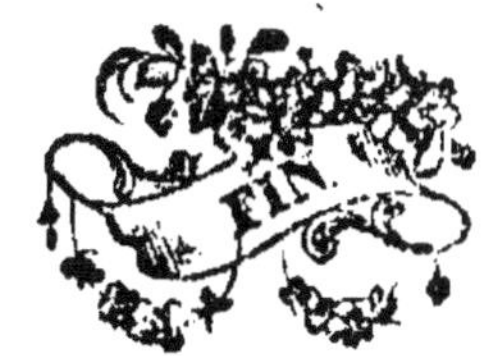

FIN.

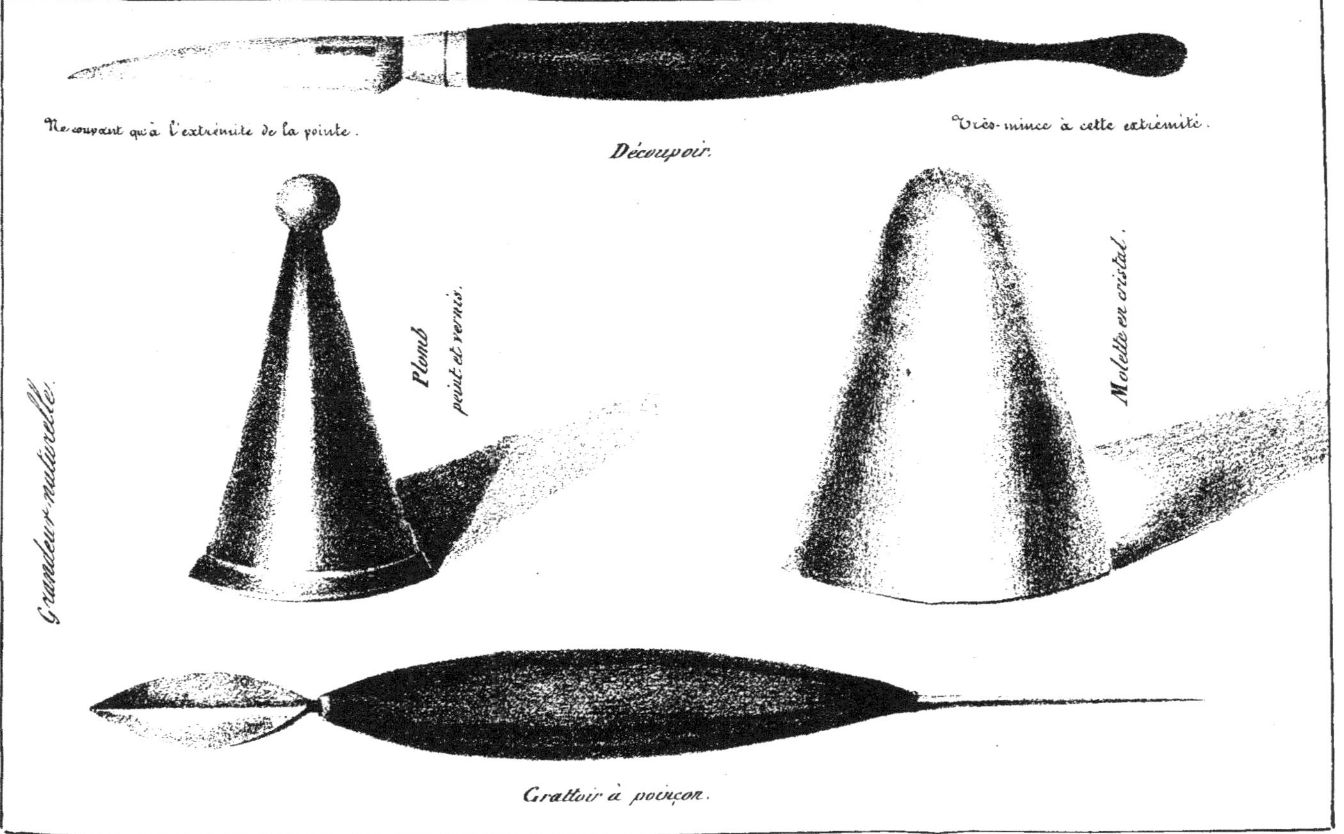

Ne coupant qu'à l'extrémité de la pointe.
Découpoir.
Très-mince à cette extrémité.
Plomb peint et verni.
Molette en cristal.
Grandeur naturelle.
Grattoir à poinçon.

Couleurs. N.° 1.

Blanc léger.	Bleu de Cobalt.	Bleu de Prusse.	Carmin fin.	Cendre verte.	Indigo.	Jaune de Chrôme.
Jaune minéral.	Jaune d'ocre.	Jaune indien.	laque carminée.	Noir d'ivoire.	T. de sienne brulée.	Vermillon.

Couleurs mélangées. N.° 2.

Jaune de Chrôme, Bleu de Prusse.	Jaune de Chrôme, Indigo.	Bleu de Cobalt, Carmin.	1 Carmin, 2 Indigo.	Jaune de Chrôme, Carmin.	1 Jaune, 2 Vermillon, 1 Carmin.	2 Jaune, 1 Vermillon.
2 Jaune, 1 Vermillon, 1 noir.	1 Jaune, 3 Carmin.	1 Jaune, 1 Carmin, 1 noir.	Terre de sienne, Laque.	1 Bleu, 1 Jaune, 1 Laque.	1 Jaune, ½ Bleu, 1 Laque.	Blanc léger, noir.

Observations. Aux couleurs mélangées, les chiffres indiquent le nombre de parties de couleur, celles ou il n'y a point de chiffres sont en parties égales. On peut obtenir beaucoup d'autres nuances par des mélanges en parties inégales, nous n'avons mis que les principales.
Il ne faut jamais mélanger le Vermillon ou rouge de Saturne avec aucune espèce de bleu, ces couleurs étant antipathiques.

1.
Le
Plumbe.
2.
Sirtie 4 tachée.
Colibri
Topaze.
3.
Exotique.
1.
2.
Lucane Cerf-volant mâle.

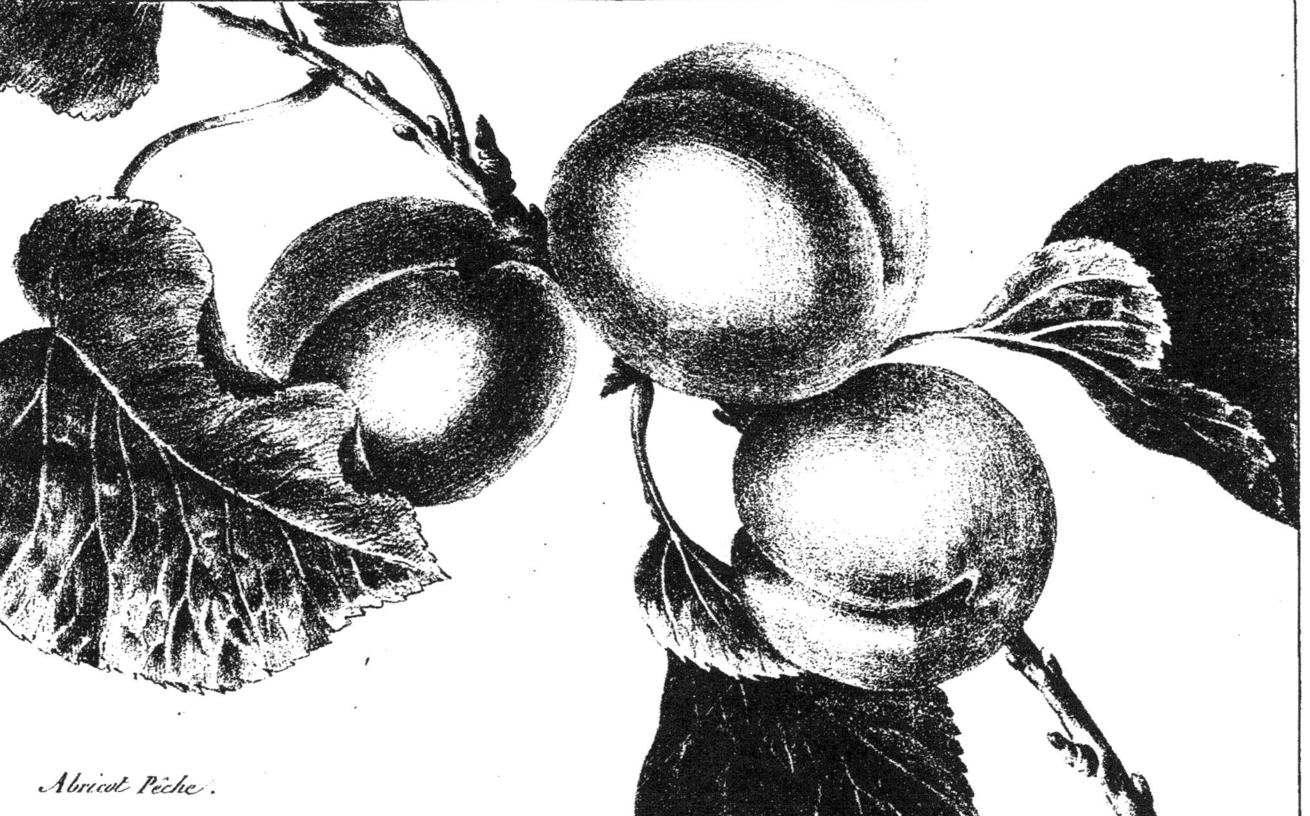
Abricot Pêche.